슈퍼꾸러기 다다가 선사하는 웃음보따리

만화로 배우는 중국어

슈퍼꾸러기 다다가 선사하는 웃음보따리
만화로 배우는 중국어

초판인쇄 2017년 12월 1일
초판발행 2017년 12월 8일

편 역 백형술
감 수 李井源(리징위엔)
발 행 인 윤우상
총 괄 윤병호
책임편집 최다연
북디자인 Design Didot 디자인디도
발 행 처 송산출판사
주 소 서울 서대문구 통일로 32길 14 (홍제2동)
전 화 (02) 735-6189
팩 스 (02) 737-2260
홈페이지 http://www.songsanpub.co.kr
등록일자 1976년 2월 2일. 제 9-40호

ISBN 978-89-7780-244-5 13720

슈퍼꾸러기 다다가 선사하는 웃음보따리

만화로 배우는 중국어

백형술 편역 / 李井源(리징위엔) 감수

송산출판사

인물소개

등장인물 1

达达 (Dádá, 다다)
올해3세, 북대(北大) 어린이집에 다니며, 집에서는 외동아들.
가장 좋아하는 것은 곤충과 장난감, 가장 싫어하는 것은 목욕과 양치질. 장난이 심하지만 귀여우며 남자 아이들이 일반적으로 갖고 있는 모든 장 · 단점을 지니고 있다.

父亲 (fùqin, 아버지)
근면한 회사원. 집에서는 다다의 교육을 돕지만 좋지 않은 습관으로 인하여 언제나 엄마의 교육 대상이 된다.

母亲 (mǔqin, 어머니 – 어머니의 이름 良美 Liángměi)
세상에서 가장 자애롭고, 인내심이 강하며, 지혜롭고 건강한 여성.
오직 엄마만이 다다와 아빠를 감당해 낼 수 있다.

曾祖父 (zēngzǔfù, 증조부)
작은 꿀벌 커피숍의 주인. 몸은 늙었지만 마음은 젊다. 젊고 아리따운 아가씨에게 관심을 보이고, 언제나 다다의 놀이 동무가 되어 준다.

老师 (lǎoshī, 선생님)
두 분 모두 아동심리 전문가이지만 다다를 비롯한 슈퍼 꾸러기들 앞에서는 어찌할 도리가 없다.

姑姑 (gūgu, 고모)
아버지의 여동생. 연기공부에 열중하며 배우가 되겠다는 당찬 꿈을 꾸고 있는 미혼 여성.

등장인물 2

- 爷爷 (yéye, 할아버지)
- 奶奶 (nǎinai, 할머니)
- 医生 (yīshēng, 의사)
- 护士 (hùshi, 간호사)
- 老公公 (lǎogōnggong, 시아버지)
- 哲学家 (zhéxuéjiā, 철학가)
- 画家 (huàjiā, 화가)
- 理发师 (lǐfàshī, 이발사)
- 服务员 (fúwùyuán, 종업원)

다다의 친구들

- 小明 (Xiǎo Míng, 샤오밍)
- 小华 (Xiǎo Huá, 샤오화)
- 小平 (Xiǎo Píng, 샤오핑)
- 小真 (Xiǎo Zhēn, 샤오전)
- 小美 (Xiǎo Měi, 샤오메이)
- 小成 (Xiǎo Chéng, 샤오청)
- 小豪 (Xiǎo Háo, 샤오하오)
- 小中 (Xiǎo Zhōng, 샤오종)
- 大龙 (Dà Lóng, 따롱)

머리말

우리나라는 중국과의 수교 이후 국가간 또는 개인적인 차원에서 빈번한 교류가 이루어지고 있다. 그에 따라 중국어를 배우고자 하는 학습인구도 급속한 증가를 가져왔고, 더불어 각종 학습서의 개발도 다양해졌다.

그러나 그 대부분이 문형이나 문법 중심의 시각에서 탈피하지 못하고 있고, 시험관련 서적이 주를 이루고 있다. 또한 내용면에서도 실용성에 한계를 드러내고 있다. 그래서 딱딱한 말, 어려운 단어는 제법 알면서도, 일상생활에서 쓰는 지극히 쉬운 말이나 표현은 잘 알아듣지조차 못하는 것이 현실이다.

저자는 중국어를 배우는 학습자에게 좀 더 흥미진진하고 실용성 있는 교재로서 중국어와 친숙할 수 있는 코믹 만화를 출판하여 독자들과 만나게 되었다.

우선 만화라는 것은 흥미유발이라는 면에서 그 어느 학습매체 보다 강점을 가지고 있다.

첫째, 만화는 내용의 이해가 쉬우며, 문자만으로는 이해가 어렵거나 모호한 내용이 시각적으로 제시되기 때문에 쉽게 파악이 될 수 있다.

둘째로는 코믹한 내용으로 구성된 만화는 글자만 보고 익힌 것보다 오래 기억에 남아 중국어 학습에 도움이 된다는 것이다.

이 코믹 만화 중국어는 틀에 박힌 학습서에서 벗어나 누구나 부담없이 보고 웃을 수 있도록 코믹한 내용으로 구성되어 있다. 비록 주인공인 다다는 세 살이지만, 그의 주변생활에서 일어나는 재미있는 웃음보따리와 함께 중국어에 흥미를 갖게 하고 자연스럽게 살아있는 중국어를 배우게 할 것이다.

끝으로 이 책을 번역 출판할 수 있도록 허락해 주시고 애써주신 윤우상 사장님께 진심으로 감사를 드린다.

백 형 술

차 례

001 水龙头 shuǐlóngtóu 수도 꼭지

huālā- 쏴아~

爸: Wèi! 얘!

Bù kěyǐ wán shuǐ!

물장난하면 안된다!

huālā- 쏴아~

爸: Kuài guānshàng!

빨리 잠궈!

达: Shì-

알았어요~

zhuàn 돌린다

huālā- 쏴아~

爸: Búshì jiào nǐ guān le ma?

잠그라고 하지 않았니?

达: Zhè guān bú diào ya!

이건 잠글 수 없단 말이야!

shuā- 쉬~

爸: Kuài guāndiào!

어서 잠궈!

达: Zěn, zěnme bàn?

어, 어떻게 해?

- **可以+동사** ~해도 된다, ~할 수 있다
- **关上** (문 등)잠그다
- **不是~了吗?** ~라고 하지 않았니?
- **关不掉** 잠글 수 없다, 잠궈지지 않는다 ↔ **关得掉** guāndediào

002 罐装啤酒 suànzhuāng píjiǔ 캔맥주

爸: Èn- 음 –

mǐngdǐng dàzuì 곤드레만드레

妈: Wā! 와!
Bàba hái zài hē ma?
아빠 아직도 술 마시고 계시니?

达: Shì- 예–

pēng 탁

爸: Wǒ hē bú xià le.
더는 못 마시겠다.

达: Bùxíng! Kuài hē! Yíguàn búgòu.
안돼! 어서 마셔요! 캔이 하나가 부족해.

爸: Èn- 음 –

zuìle-- 취한다

pēng! pēng! 콰당! 콰당!

达: Xī! Zhēn hǎo wánr.
히히! 참 재밌다.

- ▸ 在+동사 (진행) ~하고 있다 ▸ 喝不下 마실 수 없다, 마시지 못 한다 ▸ 동사+了 ~했다
- ▸ 罐 깡통, 통 = 听 tīng ▸ 好玩 (놀이가) 재미있다

003 折磨 zhémo 시달림

达: Nǐ cāi wǒ xiànzài zhèngzài chī shénme?
내가 지금 뭐 먹고 있는지 아빠가 맞춰봐.

爸: Qiǎokèlì? Dàngāo? Niúnǎitáng?
초콜릿? 케이크? 우유사탕?

达: Cāi cuò le!
틀렸어요!

爸: Xiāngjiāo? Júzi? Shìzi?
바나나? 귤? 감?

达: Quán cāi cuò le!
다 틀렸어요!

爸: Qiúqiu nǐ! Ràng wǒ gēn māma jiǎnghuà, zhè kěshì chángtú diànhuà ya! Yǐjing méi língqián le!
부탁이다! 엄마와 이야기하게 해다오. 이건 장거리 전화란 말이야! 벌써 동전이 다 떨어졌잖아!

达: Bùxíng, yào cāi duì cái néng hé māma jiǎnghuà…….
안돼, 맞춰야 엄마랑 말할 수 있어…….

bī- 삐-

- **让+사람+동사~** (사역) ~에게~하게하다
- **已经~了**le 이미 ~했다 ↔ **还没**háiméi~**呢**ne 아직~않았다
- **才** ~에서야, 겨우

004 物归原位 wù guī yuánwèi 물건 제자리 두기

妈: Bié lǎo zhuō chóngzi huíjiā.
벌레 좀 작작 잡아들여.
Kuài fànghuí yuánchù.
어서 원래 있던 곳에 놔줘.

达: Shì- Mā!
알았어– 엄마!

妈: Zhèyàng cái duì ma.
그래야 옳지.

妈: Dádá! Dàizi li hái yǒu!
다다야! 봉지 속에 또 있어!

达: Zhèxiē búshì zhèli de.
이것들은 여기 것이 아니에요.

达: Nǐ kàn tāmen hǎo gāoxìng!
엄마, 쟤들 아주 좋아하는데요!

yáoyáobǎibǎi 슬금슬금

妈: Zhāng- láng-
바퀴–벌레–

▸**别+동사** ~하지 마라 ▸**老+동사** 항상, 늘 ▸**放回+장소** (제자리에) 갖다 놓다 ▸**好+형용사** 아주, 너무

005 快迟到了 kuài chídào le 지각 일보 직전

达: Zài bú kuàidiǎ(n)r huì gǎn bú shàng de!
더 서두르지 않으면 늦을 거예요!

妈: Dōu shì nǐ làichuáng cái huì zhèyàng!
다 네가 늦잠 자는 바람에 이렇게 된 거야!

达: Chídào le, huì bèi lǎoshī xiào de.
지각하면 선생님한테 놀림 받는데.

妈: Nǐ yě pà bèi rén xiào ma?
너도 놀림 받는 거 겁나니?

达: Ā! Mā, màn yìdiǎ(n)r!
어! 엄마 천천히 가!

妈: Nǐ búshì pà bèi xiào ma?
너 놀림 받는 거 무섭지 않니?

师: Hū- Hū-
헉- 헉-

达: Màn yìdiǎ(n)r yě búhuì bèi xiào le!
좀 천천히 가도 놀림 받지 않을 거야!

Xī! Xī! 히! 히!

- **赖床** 늦잠자다 ▸ **会+동사** ~일 것이다, ~할 줄 알다 ▸ **赶不上** (제시간에) 닿을 수 없다
- **都是** 모두~때문이다 ▸ **被人+동사** 사람들에게 ~당하다

006 失物 shīwù 분실물

pēng! 쾅!

达: Wǒ huílai le!
다녀왔어요!

妈: Xiézi ne? Kuài zhǎo huílai.
신발은? 빨리 찾아와.
Nǐ yǐ dīudiào hǎo jǐ shuāng le.
너 벌써 몇 켤레 째야.

pēng! 꽝!

妈: Búshì zhèshuāng!
이 신발 아니잖아!
Zhè búshì qiánxiētiān diū de nà shuāng ma?
이건 며칠 전에 잃어버렸던 그 신발 아니니?

pēng! 꽝!

妈: Ā! Zhè yě shì yǐqián diū de.
엇! 이것도 전에 잃어버렸던 건데.
Yíxià dōu zhǎo huílái le.
한 번에 모두 찾아왔네.

妈: Zhè shì zěnme húi shì ne?
이게 어떻게 된 일이야?

▸ **丢掉** 잃어버리다 ▸ **好几+양사+명사** 여러, 몇 ▸ **前些天** 며칠 전 ▸ **一下** 단번에, 한번에

007 踢被子 tī bèizi 이불차기

★ xiū!- 쑤욱!-

爸: Wā! Tī bèizi tī zhème lìhai!
왜! 이불 차기가 참 심하네!

爸: Wǒ cái búhuì rènshū.
나라고 질 수 없지.
Cóng tóu gài qǐ.
머리부터 덮어버리자

★ shuā! 휙!

爸: Wā! 와!

★ hūhū dàshuì 드르렁 쿨쿨

爸: Bùchéng! 안되겠어!
Wúlùn zěnme gài dōu bèi tīdiào!
아무리 덮으려 해도 차니!

妈: Yě bù zhīdao lěng…….
추운 것도 모르고…….

▸ 厉害 lìhai 심하다, 대단하다 ▸ 输 shū (승부)지다 ▸ 盖起(来) 덮다 ▸ 无论~ ~에 상관없이
▸ 怎么~都 아무리 ~해도

008 乖孩子 guāi háizi 착한 아이

妇: Xiǎo Xióng, huíjiā lou!
샤오숑, 집에 가자!

雄: Shì- Mā!
네– 엄마!

爸: Hǎo guāi o!
참 착하네.

妈: Wǒmen jiā Dádá yào néng zhèyàng gāi duō hǎo!
우리집 다다가 저렇게 착할 수 있으면 얼마나 좋을까!

爸: Wèi! Dádá huíjiā lou!
야! 다다 집에 가자!

达: Hǎo! 네!

爸: Bú yàojǐn ba!?
괜찮겠죠!?

妈: Méi fāshāo ba!?
열은 없는 것 같은데!?

▸ **要~** (가정)~한다면 ▸ **该~** (마땅히) ~해야 한다 ▸ **多+형용사** 얼마나 ▸ **没+명사** ~이 없다
▸ **发烧** 열(나다)

009

宝贝 bǎobèi 보물

达: Wā! Zhège hǎo!
왜! 이거 좋다!

妈: Kuài diūdiào!
어서 버려!

爸: Zài méiyòng de dōngxi duì xiǎohái lái shuō dōu shì bǎobèi!
아무리 쓸모없는 거라도 애한테는 다 보물이라구!

达: Wā! Shǐnǔbǐ de tídài ya!
와! 스누피 손가방!

Wǒ jiǎndào hǎo dōngxi le.
내가 좋은 걸 주웠어요.

爸: Yě bújiànde quán shì fèiwù.
상태가 고물은 아닌 거 같은데.

pīlibālā 쿵탕쿵탕

妈: Nǐ kàn! Tā quán jiǎn huí jiā le.
저기, 저 녀석이 전부 집으로 가져가잖아요.

▸ **没用** 쓸모없다 ▸ **对~来说** ~에 대해서 말하면, ~의 입장에서 보면 ▸ **捡到** 줍다
▸ **不见得** 꼭~그런 것은 아니다 = **不一定**bù yídìng

010 约定 yuēdìng 약속

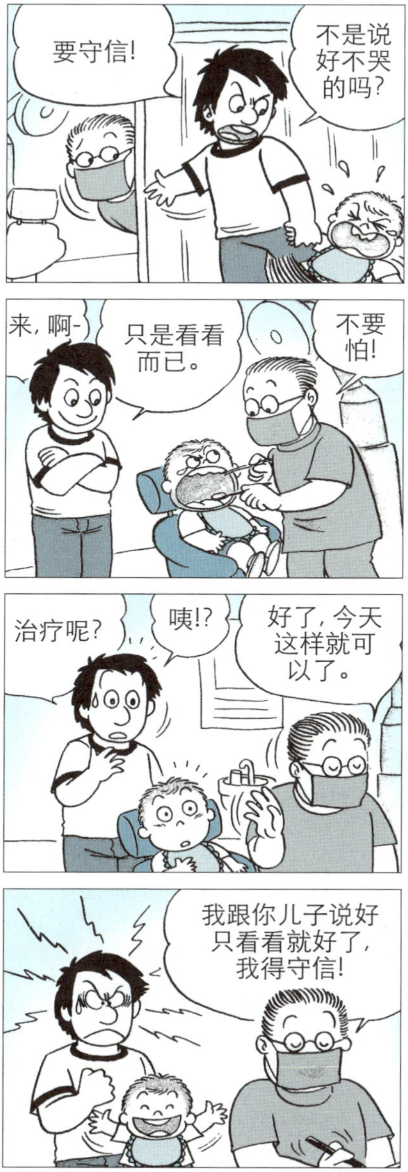

父: Búshì shūo hǎo bù kū de ma?
울지 않기로 약속하지 않았니?

医: Yào shǒuxìn!
약속 지켜야지.

医: Lái, ā-
자, 아-

父: Zhǐshì kànkan éryǐ.
보기만 하는 거야.

Bú yào pà!
겁내지 마!

医: Hǎo le, jīntiān zhèyàng jiù kěyǐ le.
됐다. 오늘은 이만하면 됐어요.

父: Yí!? 엇!?

Zhìliáo ne?
치료는요?

医: Wǒ gēn nǐ érzi shuō hǎo zhǐ kànkan jiù hǎo le, wǒ děi shǒuxìn!
난 당신 아들과 보기만 한다고 약속했으니, 약속을 지켜야죠.

▸ **说好** 약속하다 ▸ **守信** 약속을 지키다 ▸ **只是~而已** éryǐ 단지~따름이다
▸ **~就可以了** ~면 된다 = **~就好了**

배꼽 잡는 유머 · 이 笑话真是逗人 xiàohuà zhēnshì dòu rén

我休息一会儿

四岁的儿子做错事了，被我训斥后大哭了很久，
怎么都劝不住，我就不理他了。
过一会儿竟然不哭了，我生气地问他："怎么不哭了?"
儿子一句话让我笑喷了："我休息一会儿!"

wǒ xiūxi yíhu(ì)r

Sìsuì de érzi zuòcuò shì le, bèi wǒ xùnchì hòu dà kū le hěn jiǔ,
Zěnme dōu quàn bú zhù, wǒ jiù bù lǐ tā le.
Guò yíhu(ì)r jìngrán bù kū le, wǒ shēngqì de wèn tā: "Zěnme bù kū le?"
Érzi yíjù huà ràng wǒ xiàopēn le: "Wǒ xiūxi yíhu(ì)r!"

좀 쉬고요.

4살짜리 아들이 잘못을 했다. 나한테 야단맞고 한참을 엉엉 울었다.
아무리 달래도 별 소용없자, 그냥 모른 체 했다.
조금 지나자 갑자기 눈물을 그쳤다. 나는 화가 나서 아들에게 물었다.
"왜 울지 않니?"
아들의 한마디가 날 배꼽 잡게 했다. "좀 쉬고요."

011 父亲的尊严 fùqin de zūnyán 아버지의 존엄

母: Kuài! Dádá zhuō jiǎchóng huílai le.
어서요! 다다가 딱정벌레 잡아왔어요.

父: Yí!? Jiǎchóng!
어!? 딱정벌레!

母: Kuài dào jiā le.
집에 다 왔어요.

父: Wǒ děi kuài yìdiǎ(n)r!
서둘러야겠네.

- pēng! pēng! pēng! 퍽! 퍽! 퍽!
- pīng! pāng! 탕! 탕!

- kūnchóng tújiàn 곤충도감

达: Bà! Jiǎchóng chī shénme?
아빠! 딱정벌레는 뭘 먹어요?

父: Zhège ma……
이건 말이야……

▸ **到家** 집에 도착하다 ▸ **快~了** le (임박) 머지않아~한다

012

汽球 qìqiú 풍선

达: Wǒ de gāo!
내 것이 높다!

华: Wǒ de gāo!
내 것이 높다!

达: Wǒ de gāo!
내 것이 높다!

华: Wǒ de dī -
내 것이 낮네–

达: Wǒ de gāo!
내 것이 높다!

华: Bèndàn!
멍청한 놈!

▸ **高** 높다, (키)크다 ▸ **低** 낮다

013 小番茄 xiǎofānqié 방울토마토

达: Mā! Nǐ kàn! Zhǎng fānqié le.
엄마! 저기요, 토마토가 자랐어요.

妈: Nà tài hǎo le.
그거 잘됐구나.

达: Kuài! Kuài kàn ma!
빨리요! 빨리 보라니까요!

达: Kuàidiǎ(n)r ma!
빨랑요!

妈: Děng yíxià.
잠깐만 기다려.

妈: Zài guò jǐtiān jiù kěyǐ chī le, bié zhāi xià lai o!
며칠 더 지나면 먹을 수 있으니, 따지 말거라!

▸ **长** 자라다, 성장하다 ▸ **太~了** le (감탄) 아주~하다 ▸ **几天** 며칠 ▸ **摘下来** (과일)따다, (모자)벗다

014 洗头 xǐtóu 머리감기

达: Wǒ bú yào xǐtóu! Měicì ěrduo、yǎnjing dōu jìnshuǐ, wǒ bú yào!
나 머리 안 감을래. 매번 귀랑 눈에 물 들어가서, 싫어요.

达: Rúguǒ ěrduo, yǎnjing néng bú jìn shuǐ wǒ jiù xǐ!
귀랑 눈에 물 안 들어가게 할 수 있다면, 씻을게요.

爸: Nà jiù zhème bàn!
그럼 이렇게 하자.

爸: Búguò nǐ yàoshì kū, wǒmen jiù yòng píngcháng de fāngfǎ xǐ!
하지만 네가 만약 운다면, 우린 하던 대로 씻는다.

达: Wǒ cái búhuì kū ne!
그렇다면야 울지 않을게요.

爸: Shì zhège xǐfǎ……
이렇게 씻으면……

达: Háishì yòng píngcháng de xǐfǎ ba!
원래대로 해주세요.

▸ **每次** 매번~(마다) ▸ **能不+동사** 안~해도 된다 ▸ **要是** 만약에 ▸ **用+명사** ~로써 ▸ **洗法** 씻는 법
▸ **还是~吧** (선택) ~하는 게 낫겠다

015 像婴儿一样 xiàng yīng' ér yíyàng 애기처럼

达: Wǒ bú yào kàn yīshēng, wǒ bú yào!
나 병원 안 갈 거야, 싫어!

爸: Bùxíng!
안돼!

Wā! Wā! 앙! 앙!

爸: Bù néng lǎo xiàng yīng'ér yíyàng!
언제까지 애기처럼 굴래.

达: Zhèyàng huì bèi yīshēng xiào de.
그러면 의사선생님한테 놀림 받는다.

医: Bù kěyǐ lǎoshì xiàng yīng'ér yíyàng!
언제까지 애기처럼 굴거니!

爸: Nǐ kàn! Bèi xiào le ba!
거봐! 놀림 받았지!

医: Ràng tā zìjǐ zuòzài yǐzi shàng.
혼자서 의자에 앉게 하세요.
Zhīdao ma?
아시겠어요?

爸: Zūnmìng!
명심하겠습니다!

- **像~一样** 마치~같다
- **看医生** 병원에 가다
- **自己** 스스로, 직접
- **坐在+장소** ~에 앉다
- **在~上**shàng ~위에

016 叛逆期 pànnìqí 반항기

★ quánjiāfú 가족사진

妈: Wā! Hǎo kě'ài de nǚhái!
왜! 참 귀여운 여자애네!

达: Hái kěyǐ la.
그저 그런데.

妈: Yí!? Dádá nǐ bù xǐhuan tā ma?
이!? 다다 너 재 싫으니?

达: Yě búshì la.
그런 건 아니고.

爸: Nǐ zhè rén jiǎnghuà zěnme zhèyàng ne?
이 녀석 말버릇이 그 모양이냐?

★ xièqì 기가 죽어있다.

妈: Nándào……
설마……

爸: Wǒ shuō de tài zhòng le ma?
내 말이 너무 심했나?

妈: Duì le! Háishi Dádá kě'ài.
그렇지! 그래도 다다가 귀엽지.

达: Shì ma! Shì ma! Duì le!
그렇죠! 그래요! 만세

▸ **还可以** 그저 그렇다, 보통이다 ▸ **说得太重了** 말이 너무 심했다 ▸ **还是~** 그래도 ▸ **对了** 그렇지!, 아참!

017 销毁证据 xiāohuǐ zhèngjù 증거인멸

达: Nǐ zài gàn má ?
너 뭐하는 거야?
Zěnme zài zhèli dàbiàn!
어째서 여기다 똥 누니!

达: Lǎoshì zhèyàng, zhēnshì de!
노상 저렇다니까, 정말이지!

狗: Rénjia wàng le ma!
사람이 까먹을 수도 있지

shā! shā! 싹! 싹!

达: Duì le! Děng yíxià.
그렇지! 잠깐만!

狗: Èn! Yídìng qù gàozhuàng le, zhēnshì xiǎorén!
흥! 매정하게 고자질하러 가네, 정말 째째한 놈이야!

达: Zhège yě mái qǐ lai.
이것도 묻어버려.
Kuài! Kuài!
빨리! 빨리!

▸ **干吗** 무엇하느냐? ▸ **在+장소+동사~** 무 ▸ **人家** 남, 나 ▸ **告状** 고자질하다, 고소하다
▸ **埋起来** 묻어버리다

018 毕加索的画 Bìjiāsuǒ de huà 피카소의 그림

爸: Nǐ kàn! Bìjiāsuǒ de huà ya!
봐! 피카소의 그림이야!

达: Háishì wǒ huà de bǐjiào hǎokàn!
그래도 내가 그린 것이 더 예쁜데!

▸ **画** 그림, 그림을 그리다 ▸ **比较** 비교적 ▸ **好看** 예쁘다

019 捉蝴蝶 zhuō húdié 나비 잡기

曾: Qù! Qù!
저리 가! 가!

曾: Kuài dào nàbiān qù!
어서 저쪽으로 가!

hū- 후–

曾: Bàituō, kuài lí wǒ yuǎn diǎ(n)r!
제발 어서 멀리 가다오!
Bú yào kàojìn wǒ!
가까이 오지 마!

pā! 팩!

达: Yéye wǒ yòu zhuōdào le!
할아버지 내가 또 잡았어요!

曾: Nǐ kàn! Yòu lái le.
봐라! 또 왔잖니.

▸ **捉** (붙)잡다 ▸ **蝴蝶** 나비 ▸ **到+장소+去**qù ~에 가다 ▸ **离~远**yuǎn ~로부터 멀다
▸ **靠近** 가까이 다가오다 ▸ **捉到了** (포획) 붙잡았다 → **抓到了**zhuādàole 체포했다

020 合唱 héchàng 합창

妈: Zuǐba zhāng de zuì dà de jiù shì tā.
입을 제일 크게 벌리는 애가 다다네요.

父: Zhèyàng yǎozì cái qīngchu!
저렇게 노래해야 정확한 거야.

- yìhé yìkāi 뻐끔 뻐끔
- yìhé yìkāi 뻐끔 뻐끔
- pā! pā! pā! 짝! 짝! 짝!

▸ **张得最大** 크게 벌리다 ▸ **咬字** 정확하게 노래하다, 발음하다 ▸ **合** (입을)다물다 ▸ **开** (입을)벌리다

배꼽 잡는 유머 · 02 笑话真是逗人 xiàohuà zhēnshì dòu rén

外公属自行车

妈妈: 儿子，你知道妈妈属什么吗?
儿子: 小羊。
妈妈: 那爸爸呢?
儿子: 我知道，大公鸡。
妈妈: 聪明，那外公属什么呢?
儿子: (想了想摇摇头，说) 不知道。
妈妈: (指了指他的玩具小马说) 好好想想，我们家里有的哦，可以骑的。
儿子: 哦，是自行车。

wàigōng shǔ zìxíngchē

Māma: Érzi, nǐ zhīdao māma shǔ shénme ma?
Érzi: Xiǎoyáng.
Māma: Nà bàba ne?
Érzi: Wǒ zhīdao, dà gōngjī.
Māma: Cōngming, nà wàigōng shǔ shénme ne?
Érzi: (xiǎng le xiǎng yáoyao tóu, shuō) Bù zhīdao.
Māma: (zhǐ le zhǐ tā de wánjù xiǎomǎ shuō) Hǎohao xiǎngxiang, wǒmen jiāli yǒu de o, kěyǐ qí de.
Ér zi: Ò, shì zìxíngchē.

외할아버지는 자전거띠

엄마 : 아들아, 엄마가 무슨 띠인지 아니?
아들 : 양띠.
엄마 : 그럼 아빠는?
아들 : 알아요. 닭띠.
엄마 : 똑똑하구나. 그럼 외할아버지는 무슨 띠지?
아들: (잠시 생각해보더니 고개를 저으며 말했다.) 몰라요.
엄마: (아들의 장난감 말을 가리키며 말했다.) 잘 생각해보렴. 우리 집에 있는 거야. 탈 수 있는 거.
아들 : 앗! 자전거다.

021

教养 jiàoyǎng 에티켓

hōnglóng hōnglóng 덜커덕 덜커덕

妈: Wèi! Yào bǎ xiézi tuōdiào!
애! 신발을 벗어야지!
Huì bǎ jiějie de yīfu nòngzāng de.
누나의 옷이 더럽혀지겠다.

妈: Duìbuqǐ a!
미안합니다.

姐: Méi guānxi!
괜찮아요.

dèng- 쏘아본다

▸把 ~을, ~를 ▸脱掉 벗어버리다 ▸弄脏 더럽히다

022 宵夜 xiāoyè 야식

爸: Dàbànyè pá qǐ lái chī de pàomiàn zuì hǎochī!
한밤중에 일어나서 먹는 라면이 제일 맛있어.

妈: Shì a!
그래요.

Wū! Wā! 우! 와!

妈: Hǎo kùn o! Jiù zhèyàng fàng zhe míngtiān zài shōu hǎo le!
아 졸린다! 그냥 두고 내일 치워야겠어요.

爸: Èn……
음 ……

妈: Wán le! Zǎo zhīdao zuótiān yīnggāi shōushi hǎo!
큰일 났어요! 이럴 줄 알았으면 어제 다 치웠어야 하는 건데.

爸: Shéi zhīdao shìqing huì biàn-chéng zhèyàng!
누가 일이 이렇게 될 줄 알았나!

达: Zhēnshì de!
정말 이러기야!
Bàba māma zěnme néng mánzhe wǒ chī hǎo dōngxi?
아빠 엄마 어떻게 나 몰래 맛있는 거 먹을 수 있어!?

▸**大半夜** 한밤중에 ▸**爬起来** (자다가) 기어나오다 ▸**困** 졸리다 ▸**동사+着** (지속)~하고 있다
▸**早知道** 진작 알다 ▸**瞒** 속이다

023 寻找失物 xúnzhǎo shīwù 분실물 찾기

达: Ā! Dànzi!
앗! 구슬이다!

平: Wā! Tuóluó!
와! 팽이다!

华: Wā! Huīzhāng!
와! 배지(badge)다!

大家: Lǎoshī, nǐ kàn! Wǒmen zhǎodào zhèxiē le!
선생님, 보세요! 우리가 얘들을 찾았어요.

师: Kuài bǎ yào zhǎo de duǒbìqiú zhǎo chū lái hǎo ma?
어서 피구공이나 찾아내렴, 알겠니?

达: Shì a!
네!

华: Kuài zhǎo kuài zhǎo!
어서 찾자, 어서 찾아!

▸ **找出来** 찾아내다 ▸ **好吗** (동의구함) ~할까요?

024

草莓 cǎoméi 딸기

爸: Ó! Zài chī hǎo dōngxi a! Gěi bàba yìdiǎ(n)r!
오! 맛있는 거 먹고 있구나! 아빠 좀 줄래!

达: Bú yào!
싫어요!

爸: Wèi! Yǒuméiyǒu wǒ de fèn a?
여보! 내 껀 없어?

dà kǒu chī 꿀꺽

达: Jiù zhuōzi shàng zhèxiē.
테이블에 있는 것들뿐이에요.

达: Nuò!
좋아요!

爸: Wǒ cái bú yào ne!
난 싫다!

妈: Wèishénme bú yào? Dádá hǎoxīn gěi nǐ de a!
왜 싫으세요? 다다가 호의로 드린 건데.

爸: Nà shì diàodào dìshang de.
저건 땅바닥에 떨어졌던 거란 말이야.

▸ **就** 단지[다만] ~일뿐이다 ▸ **好心** hǎoxīn 호의 ▸ **掉到** ~에 떨어지다

模型玩具 móxíng wánjù 모형 장난감

奶: Xǐhuan nǎ yíge? Kuài shuō!
어느 것이 맘에 드니? 어서 말해보렴!

达: Zhège dà de.
이 큰 거요.

爸: Bú yào dà de, xiǎo de jiù hǎo le.
큰 거 말고, 작은 게 좋겠다.

奶: Bié dānxīn jiàqián, wǒ fù jiù shì le.
가격 신경 쓰지 마라, 내가 살 거니까.

爸: Wǒ shuō bùxíng jiù bùxíng!
제가 안된다고 하면 안돼요!

奶: Gànmá fāhuǒ? Ǒu'ěr mǎi yǒu shénme guānxi!
어째서 화내니? 어쩌다 사주는 건데 무슨 상관이야!

爸: Búshì wǒ bùxiǎng mǎi, zāogāo de shì děi wǒ zìjǐ zuò.
사기 싫어서가 아니고, 내가 조립해야하니 그렇단다.

达: Bà! Hái yào duōjiǔ cái néng zuòhǎo?
아빠! 얼마나 더 있어야 다 만들 수 있어요?

▸ **就是了** ~하면 된다 ▸ **发火** 화내다 ▸ **糟糕** 우라질!,제기랄!, 아뿔싸! ▸ **做好** 다 하다

026 脸盆太重 liǎnpén tài zhòng 무거운 세숫대야

达: Nǐ kàn! Wǒ néng zìjǐ xǐ le.
봐요! 이제 혼자도 잘 씻어요.

cālái-cāqù 쓱싹쓱싹

达: Érqiě hái zìjǐ xǐ máojīn!
그리고 혼자서 수건도 빨아요!

huālā huālā 싹싹 싹싹

达: Hái huì zìjǐ bǎ máojīn nǐnggān ne! 혼자서 수건도 짤 줄 알아요!
Dāihu(ì)r bǎ zāngshuǐ dàodiào jiùxíng le!
이따가 더러운 물은 버리면 돼요.

nǐngjǐn 꽉 짜다

爸: Èn! Hǎo bàng! Hǎo bàng!
음! 잘한다! 잘해!

huālā 좍좍

爸: Zài xǐ yícì ba!
다시 씻어!

达: Línshàng zāngshuǐ gàn má?
더러운 물을 뒤집어쓰고 뭐하는 거야?

▸ **洗** 씻다, 세탁하다 ▸ **拧干** 바짝 짜다 ▸ **倒掉** 뒤집어버리다 ▸ **拧紧** 꽉 짜다
▸ **淋上** (물을)뿌리다, (비를)맞다 ▸ **干嘛** 무엇하느냐?

027 健忘 jiànwàng 건망증

⭐ bù kěrán lājī 불가연성 쓰레기

达: Ò! Wǒ de chāorén!
어! 내 슈퍼맨!
Zěnme huì zài lājīduī lǐ ne?
어째서 쓰레기 더미에 있지?

达: Ā! Jiǎmiàn léidárén yě shì!
앗! 가면 레이다맨도!
Ātóngmù yě……
아톰도……

达: Mā tài guòfèn le!
엄마 너무 하잖아!
Cái huàile yìdiǎndiǎn jiù bǎ tāmen quán dīu le!
조금 밖에 망가지지 않았는데, 얘들을 전부 버리구.

妈: Nǐ zài shuō shénme?
너 무슨 말 하고 있는 거니?

妈: Nǐ wàngle ma?
너 잊어버렸니?
Diūdiào tāmen de shì Dádá! Yào àixī wánjù zhīdao ma?
걔들을 버린 것은 너야! 장난감을 아껴야지, 알겠니?

▸ 不可+동사 ~해서는 안된다 ▸ 才 겨우 ▸ 坏 망가지다, 나쁘다 ▸ 一点点 조금 ▸ 丢掉 내버리다
▸ 爱惜 아끼다

028

整地 zhěngdì 땅 고르기

达: Wā! Xiǎo Míng de bàba yě lái le.
와! 샤오밍의 아빠도 오셨네요.

达: Xiǎo Huá de bàba yě lái le.
샤오화의 아빠도 오셨네.

明: Xiǎo Zhēn de bàba yě lái le.
샤오전의 아빠도 오셨네.

达: Wǒ bàba yě lái le.
우리 아빠도 왔어.

师: Jīntiān fàngjià, chéngméng gèwèi xīshēng jiàrì zhēnshì tài gǎnxiè le.
오늘 방학인데, 여러분께서 휴일임에도 와주셔서 대단히 감사합니다.

▸**放假** 방학이다 ▸**承蒙** ~을 입다[받다] ▸**假日** 휴일

师: Wǒmen xiǎng bǎ zhèkuài kòngdì zhěngyizhěng, ràng xiǎopéngyou zhòng diǎn dōngxi.
저희는 이 빈터를 좀 정리해서 아이들에게 뭔가 심게 하고 싶습니다.
Bùqiǎo yǒu jǐ kuài dà shítou, wǒmen bānbúdòng, zhǐhǎo ……
공교롭게도 큰 돌이 몇 개 있는데, 저희들 힘으로는 옮길 수 없어서, 할 수 없이……

甲: Méi guānxi! Kàn wǒmen de.
괜찮습니다. 저희들에게 맡기세요.

乙: Zhème xiǎo, yíxià jiù hǎo le.
이렇게 작은 건, 단번에 됩니다.

xī xīxī 히 히히

甲: Zhèkuài shítou yào dīudiào!
이 돌은 버려야합니다.

乙: Bù, bān nàbiān qù!
아닙니다, 저쪽으로 옮깁시다.

丙: Bāndào duìmiàn qù cái duì!
맞은편으로 옮겨야합니다.

达: Yìqún bèndàn.
멍청한 아빠들.

▸ **想+동사** ~하고 싶다 ▸ **块** 덩이, ~원 ▸ **不巧** 공교롭게도 ▸ **搬不动** 옮길 수 없다 ▸ **只好** 할 수 없이
▸ **对面** 맞은편 ▸ **群** 무리, 떼

029 赛马 sàimǎ 경마

Hǎo duō pǐ mǎ yìqǐ wǎng qián chōng.
말이 일제히 앞으로 달려 나갑니다.

达: Ā! Bà! Nǐ kàn yǒu mǎ!
앗! 아빠! 말들 보세요.

爸: Guāndiào!
꺼버려!

达: Bú yào! Nǐ yě yào kàn!
싫어! 아빠도 봐야해요.

达: Zǐxì kàn wo! Jìzhù wo!
자세히 봐요. 잘 기억하세요.

爸: Bùxiáng de yùgǎn.
불길한 예감이.

达: Nǐ xué gāngcái nà pǐ mǎ ma!
아빠 아까 그 말 따라해봐요.
Nǐ búshì yě kàn le ma?
아빠도 보셨잖아요?

爸: Bùchūsuǒliào.
예상한대로군.

▸ 往+방위사 ~쪽으로 ▸ 冲 돌진하다 ▸ 关掉 끄다 ▸ 记住 기억해라 ▸ 不出所料 예상이 벗어나지 않다

배꼽 잡는 유머 · 03 笑话真是逗人 xiàohuà zhēnshì dòu rén

牛最大

小朋友 A: 比小溪大的是什么?
小朋友 B: 河。
小朋友 A: 比河大的是什么?
小朋友 B: 海。
小朋友 A: 比海大的是什么?
小朋友 B: 洋(羊)。
小朋友 A: 那比洋大的呢?
小朋友 B: 牛。

niú zuì dà

Xiǎopéngyǒu A: Bǐ xiǎoxī dà de shì shénme?
Xiǎopéngyǒu B: Hé.
Xiǎopéngyǒu A: Bǐ hé dà de shì shénme?
Xiǎopéngyǒu B: Hǎi.
Xiǎopéngyǒu A: Bǐ hǎi dà de shì shénme?
Xiǎopéngyǒu B: Yáng.
Xiǎopéngyǒu A: Nà bǐ yáng dà de ne?
Xiǎopéngyǒu B: Niú.

소가 제일 커.

친구A : 시내보다 큰 게 뭐지?
친구B : 강.
친구A : 강보다 큰 게 뭐지?
친구B : 바다.
친구A : 바다보다 큰 게 뭐지?
친구B : 대양(양).
친구A : 그럼 (대)양보다 큰 건 뭐야?
친구B : 소.

030 告示牌 gàoshìpái 경고팻말

★ Qǐng wù zài gōngyuán wán wēixiǎn yóuxì!
공원에서 위험한 놀이를 하지 맙시다.

甲: Zhēn bù liǎojiě xiǎo háizi de xīnlǐ.
정말 애들 심리는 알다가도 모르겠어.
Zhè gàoshìpái zhǐshì tú zēng wēixiǎn bà le.
이 경고팻말은 공연히 위험만 부추길 뿐이야.

★ Qǐng wù zài gōngyuán wán wēixiǎn yóuxì!
공원에서 위험한 놀이를 하지 맙시다.

★ bā! bā! 빵! 빵!

★ hū-hōng-lóng- 부-르-릉-

★ bā! bā! 빵! 빵!

★ xiū- 싹-

★ bā! bā! 빵! 빵!

▸ 勿 ~하지 마라 ▸ 搞不懂 잘 모르겠다 ▸ 只是~罢了bà le 다만~일뿐이다 ▸ 徒 쓸데없이
▸ 增 증가시키다

031

帽子 màozi 모자

达: Lǎoshī! Xiǎo Míng de màozi diào le.
선생님! 샤오밍의 모자가 없어졌어요.

师: Dàjiā yìqǐ zhǎozhǎo kàn!
모두 함께 좀 찾아보자!

明: Chī héfàn shí ná xiàlai yíhu(ì)r jiù……
도시락 먹을 때 잠깐 벗어놨는데……

达: Xiǎo Míng hǎo bèn! Bǎ màozi nòng diū le.
샤오밍은 너무 멍청해! 모자를 떨어뜨리고.

华: Zhǎodào le!
찾았어요!

师: Tài hǎo le!
잘됐구나!

zhí dīng zhe kàn 계속 째려본다

师: Yí!? 어!?
Zhège búshì Dádá de ma?
이거 다다 것 아니냐?

达: Shénme?
뭐라구?

明: Wǒ jiù zhīdao zhèdǐng shì wǒ de!
난 이 모자가 내 건지 알고 있었어요.

▸ 盒饭 도시락 ▸ 拿下来 벗어놓다 ▸ 直 쭉, 곧장 ▸ 顶 (모자의 양사) ~개

032 急诊 jízhěn 응급처치

妈: Yīshēng!
의사선생님!
Shīqù zhījué la!
의식이 없어요!

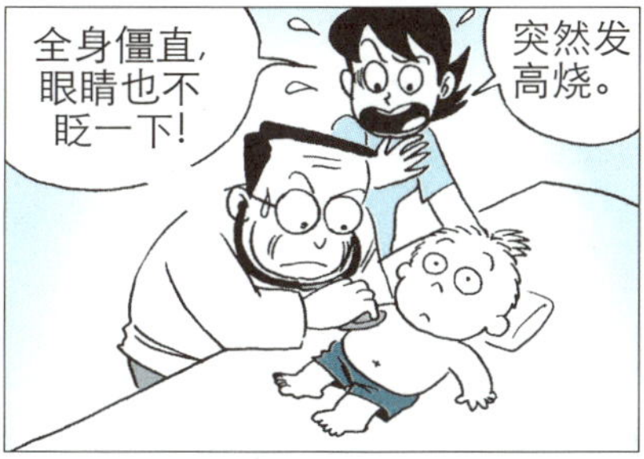

妈: Tūrán fā gāoshāo.
갑자기 고열이 나고,
Quánshēn jiāngzhí, yǎnjing yě bù zhǎ yíxià!
온몸이 뻣뻣해지고, 눈도 깜박이지 않아요.

妈: Jiào tā míngzì yě bù huídá!
이름을 불러도 반응이 없어요.

医: Kuài dǎ yì zhēn.
빨리 주사 한 대.

爸: Yīshēng!
의사선생님!
Bú yàojǐn ba!?
괜찮겠죠!?

妈: Lǎogōng!
여보!

▸**僵直** 뻣뻣하다 ▸**眨** (눈을) 깜박이다 ▸**不要紧** 괜찮다

爸: Jiūjìng shēng de shénme bìng?
도대체 무슨 병입니까?

医: Hái bù qīngchu.
아직 잘 모르겠습니다.

医: Zǒngzhī xiān dǎ yì zhēn.
어쨌거나 주사 한 대 놓고요.

爸: Shì!
네!

妈: Huì huīfù zhījué ma?
정신이 돌아올까요?

医: Bú yàojǐn de, lěngjìng diǎn(r).
괜찮을 테니. 좀 냉정하세요.

爸: Hǎo! Wǒ hěn lěngjìng.
네! 냉정하죠.

pā! 퍽!

达: Tòngsǐ wǒ le! Nǐ zài gàn má?
아파죽겠네! 지금 뭐하는 거야?

爸: Tài hǎo le! Huīfù zhèngcháng le. 다행이다! 정상으로 돌아왔네.

▸ **究竟** 도대체 ▸ **不清楚** 잘 모른다 ▸ **总之** 어쨌든 ▸ **先** 먼저, 우선

033

中意的帽子 zhòngyì de màozi 마음에 드는 모자

达: Zhè màozi hǎo yòuzhì, tǎoyàn!
이 모자는 너무 유치해, 싫어!
Hǎo tǔ!
너무 촌스러워!

hū! hū! 휙! 휙!
妈: Ā!
어!

女: Wā! Hǎo kě'ài de màozi.
와! 참 귀여운 모자다.
妈: Xièxie!
고마워!

▸ **中意** 마음에 들다 ▸ **好+형용사** 아주, 너무 ▸ **讨厌** 싫다 ▸ **土** 촌스럽다

034 争宠 zhēng chǒng 사랑받기 경쟁

妈: Wèi! 얘!
Hái shèng yìdiǎ(n)r, kuài chī wán!
조금 남았으니, 빨리 먹어치워!

tiǎnlái-tiǎnqù 낼름낼름

妈: Háishì xiǎobái guāi.
역시 흰둥이가 착하네.
Quánbù chī guāngguāng le.
모두 깨끗이 비웠네.

达: Wǒ chī guāng le, nǐ yě yào kuā wǒ o!
깨끗이 먹으면, 나도 칭찬해줘요!

tiǎnlái-tiǎnqù 낼름낼름

妈: Zhè zhídé kuājiǎng ma?
이게 칭찬받을 일이니?

▸ **小白** 강아지 ▸ **吃光光** 깨끗이 비우다 ▸ **值得** ~할 만한 가치가 있다 ▸ **夸奖** 칭찬하다

035 痊愈 ① quányù 완쾌 ①

医: Yǐjīng quányù le.
완치되었습니다.

Hā! Hā! Hā! 하! 하! 하!

Hā! Hā! 하! 하!

医: Zhè háizi hǎo àixiào.
이 아이는 참 잘 웃네요.

妈: Tā zǒngshì zhèyàng.
얘는 항상 그래요.

Wā! Hā! Hā! 왜! 하! 하!

医: Tài hǎo le! Zhīqián fāshāo nàme yánzhòng ne!
잘됐네요. 조금 전까지도 열이 대단했는데.

妈: Hǎoxiàng méi fāshēng guò zhè huí shì.
마치 아무 일도 없었던 것 같네요.

Xī! Xī! 히! 히!

Hā! Hā! 하! 하!

Hēi! Hēi! 헤! 헤!

▸ **爱笑** 잘 웃다 ▸ **没+동사+过** (경험) ~한 적이 없다 ▸ **这回事** 그런 일

036 痊愈 ② quányù 완쾌 ②

妈: Wèi! Shì mā ma?
여보세요! 어머님이세요?
Yǐjīng quányù le.
이미 완쾌됐어요.

Hēi! Yō! 헤이! 요!

妈: Yǐjīng wánquán hǎo le, xiàn-zài pǎolái-pǎoqù.
벌써 다 나았고요, 지금 이리저리 뛰어다니고 있어요.
Hǎoxiàng méi shēng guò bìng yíyàng.
병에 걸린 것 같지 않아요.

妈: shì! 예!
Jīntiān chūyuàn.
오늘 퇴원해요.

医: Kuài zhǔnbèi bìngchuáng!
빨리 병상을 준비해요.
护: Shì!
예!

▸**好了** (병이) 나았다, 좋아지다 ▸**出院** 퇴원하다

037 打点滴 dǎ diǎndī 링거 맞기

达: Wā! Wā!
앙! 앙!
Wǒ bú yào!
싫어!

妈: Dǎ diǎndī hěn téng shì ma?
링거 맞는 게 아픈 가요?

医: Búhuì ba!
그럴 리가요!

医: Yīnggāi búhuì yǒu wèntí a?
잘 못될 리 없는데?

妈: Dádá, téng ma?
다다야, 아프니?

达: Bù téng!
안 아파!
Búguò bèi bǎng zài zhèli zěnme huíjiā ma!
그런데 이렇게 묶어놓으면 어떻게 집에 가냐구요!

▸ **点滴** 링거 ▸ **弄不好** 잘 못하다 ▸ **该不会~吧**ba 아마~아니겠지요? ▸ **绑在+장소** ~에 묶다

038 模拟动物园 mónǐ dòngwùyuán 모의 동물원

达: Wā!
어흥!

妈: Dádá! Nǐ zài gàn má?
다다야! 너 뭐하는 거야?

达: Wǒ bú jiào Dádá.
난 다다가 아니야.
Wǒ shì shīzi.
난 사자야.

妈: Yí!?
응!?

达: Bié kàojìn wǒ, tài wēixiǎn le!
가까이 오지 마. 아주 위험하니까!
Wǒ huì yǎo rén, suǒyǐ bié kàojìn guòlai.
난 사람도 물줄 아니. 가까이 다가오지 마.

妈: Shì, shì-
그래. 그래-

达: Wā!
어흥!
Búshì shuō guò bié jiējìn wǒ le ma?
나한테 접근하지 말라고 그랬잖아요?

妈: Yuánlái rúcǐ.
그럼 그렇지.

▸ **模拟** 모방하다 ▸ **靠近** 가까이 다가가다 ▸ **原来** 알고 보니 ▸ **如此** 이와 같다

배꼽 잡는 유머 · 04 笑话真是逗人 xiàohuà zhēnshì dòu rén

我们坐车回去

一天，我带儿子去玩。
回来的路上，儿子对我说：“爸爸，我累了。”
“什么意思?”我问。
“我们坐车吧。”
“那要看你表现。”我说。
“好的，我如果表现好，我们就坐公交车回去；表现不好，我们就打的回去。”

wǒmen zuòchē huíqu

Yìtiān, wǒ dài érzi qù wán.
Huílai de lùshang, érzi duì wǒ shuō: “Bàba, wǒ lèi le.”
“Shénme yìsi ? ” Wǒ wèn.
“Wǒmen zuòchē ba.”
“Nà yào kàn nǐ biǎoxiàn.” Wǒ shuō.
“Hǎo de, wǒ rúguǒ biǎoxiàn hǎo, wǒmen jiù zuò gōngjiāochē huíqu; biǎoxiàn bù hǎo, wǒmen jiù dǎdī huíqu.”

우리 차타고 가요.

하루는 아들을 데리고 놀러갔다.
돌아오는 길에 아들이 나에게 말을 걸었다. “아빠, 넘 피곤해요.”
“무슨 뜻이냐?” 내가 물었다.
“우리 차타요.”
“그건 네가 어떻게 하느냐에 달려있지.” 내가 말했다.
“좋아요. 제가 만약 잘하면 버스타고 가고, 못하면 택시 타고 가요.”

039 不好惹的小子 bùhǎo rě de xiǎozi 상대하기 힘든 녀석

达: Dà Lóng bùkěn bǎ wǒ de wánjù huán wǒ!
따롱이가 내 장난감 안 돌려줘요.

妈: Gēn wǒ shuō yě méiyòng, zìjǐ qù yào huílai
나한테 말해도 소용없어. 직접 가서 달라고 해.

达: Wèi! Bǎ wánjù huángěi wǒ!
야! 내 장난감 돌려줘!

妈: Zhè jiù duì le, yào zìjǐ yào huílai.
그래야지. 직접 달라고 해야지.

龙: Hèng!
흥!

达: Kuài huángěi wǒ ma!
빨랑 돌려달란 말이야!

▸ **不好+동사** ~하기 어렵다 ▸ **惹** (말, 행동) 건드리다 ▸ **肯** 기꺼이 ~하려고 하다
▸ **要回来** (물건을)달래오다 ▸ **还给** ~에게 돌려주다

040 上厕所 shàng cèsuǒ 화장실 보기

妈: Shàng wán le. Yào jiào wǒ bāng nǐ cā pìgu o!
다 봤으면, 엄마한테 밑 닦아달라고 해!

达: Búyòng le, wǒ zìjǐ huì.
그럴 필요 없어요, 혼자도 잘해요.

妈: Duì le, bù néng lǎo bǎ tā dāng yīng'ér.
그렇지, 언제까지나 재를 애 취급할 수 없지.

爸: Wèi! Cā gānjìng le ma?
야! 깨끗이 닦았니?

达: Shì a! Nǐ kàn!
네! 보세요!

niándādā 덕지덕지

妈: Èn! Hǎo gānjìng.
음! 참 깨끗하네.

▸ 동사+完 다~ ▸ 当 ~으로 간주하다, ~이 되다

旅行 lǚxíng 여행

爸: Jīntiān dào hǎibiān qù guòyè.
오늘 해변에 가서 자자.

妈: Hǎojiǔ méi chūqù wán le.
오랜만에 놀러나가네

狗: Wāng! Wāng!
멍! 멍!

妈: Ā! Xiǎo Bái méi rén wèi zěnme bàn?
앗! 흰둥이 밥 줄 사람이 없는데, 어쩌지?

爸: Zìjǐ kāichē ma! Yìqǐ dàiqù ba!
차 가져가잖아! 같이 데리고 가지!

爸: Dádá zěnme le?
다다 왜 그러니?

达: Wǒ chàdiǎ(n)r wàng le.
깜박할 뻔했어요.

妈: Jiéguǒ quán dài chūlai le.
결국 몽땅 데리고 나왔어요.

爸: Bīnguǎn huì ràng wǒmen zhù ma?
호텔에서 우릴 재워줄까?

▸ **到~去** ~에[로] 가다 ▸ **过夜** 외박하다 ▸ **差点儿~** 하마터면~할 뻔하다

042 吵嘴 chǎozuǐ 말다툼

爸: Wā! Chǎo de hǎo lìhài!
와! 아주 심하게 다투는데.

达: Bié guǎn le! Xiǎo háizi ma!
상관 말아요. 애들이잖아요!

明: Nǐ mā shì chǒubāguài!
니네 엄마 못난이야!
Suǒyǐ shēngxià zhège xiǎo chǒubāguài.
그래서 너 같은 못난이를 낳은 거야.

妈: Tā zěnme bù fǎnbó ne!?
쟤가 어째 대꾸를 않는 거지?

爸: Āiyā, xiǎo háizi chǎojià ma!
에이, 애들 말다툼하는 걸 가지고 그래!

- **吵** 말다툼하다, 시끄럽게 떠들다 ▸ **嘴** 입 ▸ **厉害** 심하다, 대단하다 ▸ **别+동사+了** ~하지 마라
- **反驳** 반박하다

043 搓汤圆 cuō tāngyuán 경단 빚기

cuōlái-cuōqù 이리저리 빚는다

达: Kànqǐlai zhēn hǎochī o! Kěshì bù néng chī.
참 맛있게 보이죠. 하지만 먹을 수 없어요.

爸: Hā! Hā! Zhè nǎ néng chī ne!
하! 하! 이걸 어떻게 먹을 수 있겠니!

cuōlái-cuōqù 조물닥조물닥

爸: Yō! Zài jiā cuō tāngyuán a!
오! 집에서 경단을 빚는구나!

达: Kě hǎochī la! Bà, yàobuyào chī? 정말 맛있어요. 아빠 드실래요?

爸: Hāhā! Zhè nǎ néng chī a?
하하! 이걸 어떻게 먹을 수 있겠니?
Bié shǎ le!
바보짓 그만해!

达: Wā!
앙!

妈: Rénjia hǎoxīn cuō tāngyuán gěi nǐ chī……
남은 호의로 경단을 빚어 대접하려고 하는데……

▸ **看起来** 보아하니~같다 ▸ **哪** 어찌, 어떻게 ▸ **可+형용사+了le** 정말~하다

044 同仇敌忾 tóngchóudíkài 공공의 적

师: Jiāyóu!
영차!

大家: Jiāyóu! Jiāyóu! Jiāyóu! Jiāyóu!
영차! 영차! 영차! 영차!

师: Dàjiā shēngyīn tài xiǎo le.
여러분 소리가 너무 작아요.

大家: Jiāyóu! Jiāyóu! Jiāyóu!
영차! 영차! 영차!

大家: Jiāyóu!
힘내라!

大家: Jiāyóu! Jiāyóu!
힘내라! 힘내라!

男: Mǎi nàge gěi wǒ ma!
저거 사달란 말이야!

▸仇 원수, 적 ▸敌忾 적개심

045 传染 chuánrǎn 전염

Hē-Ā! 아-함!

Hē-Ā! 아-함!

师: Zhēn nánkàn!
정말 못 봐주겠다!

Hē-Ā! 아-함!

Hē-Ā! 아-함!

师: Nǐmen dōu méi tóngqíngxīn ma? Bù kěyǐ shuì!
너희들 모두 동정심도 없니? 잠자면 안돼!

Hū! Hū! 헉! 헉!

shuì de hěn xiāng 쿨쿨 잔다

Xiū-Xiū- 퓨- 퓨-

▸ **难看** 꼴사납다, 꼴불견이다

046 大自然 dàzìrán 대자연

达: Lǎoshī! Wǒ zhuōdào qīngwā le!
선생님! 나 개구리 잡았어요.

明: Wǒ zhuōdào jīnguīzǐ le!
나는 풍뎅이 잡았어요.

龙: Zài nǎr zhuōdào de ne?
어디서 잡은 거니?

成: Wǒ yě yào zhuō!
나도 잡아야지.

真: Wǒ yě yào!
나도.

师: Dàjiā dōu hěn xǐhuan!
모두들 아주 좋아하는구나!

师: Èn- Xiǎopéngyou jiējìn dàzìrán, hěn hǎo!
음- 어린애들이 대자연과 접하는 건, 매우 좋은 거야!

▸ 捉到了 잡았다 ▸ 青蛙 개구리 ▸ 金龟子 풍뎅이

047 长篇巨著 chángpiān jùzhù 장편대작

爸: Zhè gùshì hěn cháng, nǐ yídìng hái méi tīngdào zuìhòu jiù shuìzháo le!
이 이야기는 너무 길어. 넌 틀림없이 마지막까지 듣지 못하고 잠들 거야.

达: Èn-
응-

达: Hū-Hū-
쿨-쿨-

妈: Wā! Dádá shuì le.
와! 다다 자네요.

妈: Dádá yǐjīng shuìzháo le, nǐ hái zài gàn má?
다다는 벌써 잠들었는데, 아직도 뭐하고 계세요?

爸: Èn, zhèběn shū hěn yǒuqù, wǒ yào kànwán zài shuì.
응. 이 책이 너무 재밌어서 다 보고 자야겠어.

▸ **听到** ~까지 듣다 ▸ **睡着了** 잠들었다 ▸ **有趣** 재미있다 ▸ **再** ~하고나서 ~하다

048 讲故事 jiǎng gùshì 이야기해줘

达: Jiǎng gùshì ma!
이야기해줘요.

爸: Xiànzài gōngzuò hěn máng, dāi yíhu(ì)r!
지금 일이 바쁘니까, 좀 이따가!

达: Nǐ nǎ zài máng!?
아빠가 어디 바빠요!?

Nǎ yǒu gōngzuò a?
일이 어디 있다구!?

爸: Hǎo, hǎo-
알았어, 알았다고–

爸: Wǒ shūgěi nǐ le, hǎo ma?
진 걸로 하면 안 될까?

Suàn wǒ shū le, hǎo ba!

爸: Wǒ xiànzài gōngzuò máng, dāi hu(ì)r jiàn!
내가 지금 일이 바쁘니, 좀 있다가!

Zhèyàng kěyǐ le ba!
이렇게 하면 되지!

▸ 待 머물다, 대기하다 ▸ 一会儿 잠시 ▸ 输给 ~에게 지다 ▸ 算 ~라고 치다

배꼽 잡는 유머·05 笑话真是逗人 xiàohuà zhēnshì dòu rén

下次结婚带上我

一天，儿子在看我们的结婚照片，忽然很惊讶地说："哎呀，爸爸，你和妈妈结婚了？"
爸爸说："对呀，你不知道吗？"
儿子失望地说："那你结婚怎么不带上我呢？"
爸爸笑着说："没法带你呀！"
儿子着急了，说："那你下次结婚的时候得带上我呀！"

xiàcì jiéhūn dàishàng wǒ

Yìtiān, érzi zài kàn wǒmen de jiéhūn zhàopiān, hūrán hěn jīngyà de shuō: "Āiyā, bàba, nǐ hé māma jiéhūn le?"
Bàba shuō: "Duì ya, nǐ bù zhīdao ma?"
Érzi shīwàngde shuō: "Nà nǐ jiéhūn zěnme bú dàishàng wǒ ne?"
Bàba xiàozhe shuō: "Méi fǎ dài nǐ ya!"
Érzi zháojíle, shuō: "Nà nǐ xiàcì jiéhūn de shíhou děi dàishàng wǒ ya!"

다음에 결혼하면 절 데리고 가요.

하루는 아들이 우리 결혼사진을 보고 있는데, 갑자기 의아해하며 말했다.
"야아, 아빠, 엄마와 결혼했네요?"
아빠가 말했다. "그럼, 몰랐니?"
아들이 실망하며 말했다.
"그런데 아빠 결혼하는데 왜 저 데리고 가지 않아요? "
아빠가 웃으면서 말했다.
"널 데리고 갈 수 없었어."
아들이 다급하게 말하길
"그럼 아빠 다음에 결혼할 때 절 데리고 가야해요."

049 恻隐之心 cèyīnzhīxīn 측은지심

达: Bà, nǐ búshì shuō bù néng shāsǐ chóngzi de ma?
아빠, 아빠가 벌레를 죽이면 안된다고 말하지 않았어요?
Wèishénme nǐ yào shā ne?
왜 아빠는 죽이려는 거야?

爸: Èn! Zhège ma!
음! 이건 말이다!

达: Bàba shì piànzi.
아빠는 사기꾼이야.

爸: Nǐ gěi wǒ ānjìng diǎ(n)r!
조용히 좀 못해!

达: Bùkěyǐ shā ma! Tā hǎo kělián!
죽이면 안 되잖아! 걔가 너무 불쌍해!

爸: Tǎoyàn chī huíchóngyào jiù zhíshuō hǎo le!
회충약 먹기 싫으면, 직접 말하면 되잖아!

达: Wā! Gū-lū-
으악! 꿀-꺽-

▸**杀死** 죽이다 ▸**给我** (명령어기) ▸**可怜** 불쌍하다 ▸**直说** 바로 말하다

050 电视 diànshì 텔레비전

达: Bà! Wǒ tǎoyàn diànshì!
아빠! 텔레비전 싫어요!

爸: Nà dào hǎo, bú kàn zuì hǎo.
그거 잘됐네. 안 보는 게 최고지.

达: Wū! Diànshì zuì huài le!
윽! 텔레비전이 제일 나빴어!

爸: Wèi! Nǐ xiǎng gàn má?
야! 뭐하려는 거야?

达: Dǎsǐ nǐ!
때려죽일 거야!

达: Tā shuō míngtiān huì xiàyǔ, rénjia míngtiān yào jiāoyóu ya!
쟤가 내일 비 올 거라고 하잖아. 남은 냄일 소풍 가야하는데.

▸ **倒** 도리어, 오히려 ▸ **郊游** 교외로 소풍가다 = **远足** yuǎnzú

051

创作主题 chuàngzuò zhǔtí 창작주제

画1: Hǎo zuòpǐn! Búguò, zhōngjiān huà ge xiǎohái yǒu shénme yìyi ma?
훌륭한 작품이네요! 그런데 중간에 아이를 그려 넣은 건 무슨 뜻이 있나요?

画2: Méi, méiyǒu!
아니요, 없습니다.

画2: Zhè chúnshǔ qiǎohé.
이건 순전히 우연입니다.

Yuánběn shì yǐ shù wéi chuàngzuò zhǔtí de……
원래 나무를 창작주제로 삼은 것인데……

画1: Ó! Zài zuìhòu jiēduàn?
오! 마지막 단계에서?

Zhēn yǒu chuàngzuò yǒngqì!
진정한 창작용기가 생기셨나요.

画2: Bù, shì méi yǒngqì……
아니요, 용기가 없어서……

达: Wǒ míngmíng zhàn zài nàli!
내가 분명히 거기에 서 있었는데!

Wèishénme bú huà!?
왜 안 그려요!?

▸**意义** 뜻, 의미 ▸**纯属** 완전히~이다 ▸**以~为~** ~을 ~로 삼다 ▸**明明** 분명히 ▸**站在+장소** ~에 서있다

052 赛跑 sàipǎo 달리기 시합

Huā! Huā! 와! 와!

华: Hǎo lìhài! Dádá pǎo dì-yī le!
대단한데! 다다가 1등으로 달린다!
Gèwèi bàoqiàn la! Wǒ xiān zǒu yí bù!
모두 미안! 나 먼저 간다!

jǐnjí shāzhù 급정거

华: Yí!? Zěnme tíngxiàlái le ne?
잉!? 어째서 멈춰서는 거야?

dìngzhù 멈칫

妈: Bú yào bǎi zīshì le, kuài pǎo ya!
포즈 취하지 말고, 빨리 달려!

▸ **刹住** 급정거하다 ▸ **停下来** 멈추다 ▸ **摆姿势** 포즈를 취하다

053 干净的小孩 gānjìngde xiǎohái 깔끔한 아이

★ mǒlái-mǒqù 쓱싹쓱싹

妇: Zěnme yòu zài yīfu shàng luàn cā!
어째서 또 옷에다 마구 닦니!

妇: Gānggāng cái huàn de yīfu a!
방금 전에 갈아입었잖아!

达: Wā! Hǎo xiōng!
와! 굉장히 사납다!

爸: Wǒmen jiā Dádá cái búshì zhèyàng!
우리 집 다다는 저리지 않겠지!
Chuān zāng yīfú, tài nánkàn le. 옷을 더럽게 입으면, 정말 꼴불견이지.

达: Ō! Ō!
어! 어!

爸: Èn- Jiàoyù chénggōng, xī!
음~ 교육이 성공한 거야, 히히!
Búkuì shì wǒ érzi.
역시 내 아들이야.

★ mǒlái-mǒqù 쓱싹쓱싹

▸ 乱 마구, 함부 ▸ 擦 (천 등) 닦다, 문지르다 ▸ 凶 흉악하다, 사납다 ▸ 不愧 búkuì ~답다

054 见义勇为 jiànyìyǒngwéi 의로운 행동

★ dōng 쿵

妈: Āiyā!
아이쿠!

达: Mā! Kàn wǒ de!
엄마! 나한테 맡겨!
Wǒ lái zhì tā!
내가 처치할게!

★ pēng! pēng! 탁! 탁!

达: Dǎsǐ nǐ! Mā! Děng yíhu(ì)r yào gěi wǒ mǎi dàngāo o!
죽어라! 엄마! 이따가 케이크 사줘야 돼!

★ wánjù 장난감

妈: Zhè shì shénme?
이게 뭐니?
Shéi mǎi zhège gěi nǐ de?
누가 이런 걸 너한테 사줬어?

★ xīyì móxíng wánjù
도마뱀 모형 장난감

▸ **治** 처치하다, 제압하다 ▸ **等一会儿** 이따가

055 龟兔赛跑 guī-tù sàipǎo 토끼와 거북이의 경주

guī-tù sàipǎo 토끼와 거북이의 경주

达: Zhè shū jìng xiā xiě!
이 책은 몽땅 엉터리야!

guī-tù sàipǎo 토끼와 거북이의 경주

pēng! 탁

达: Xiāshuō! Wūguī cái méi nàme màn ne!
말도 안돼! 거북이라고 해서 그렇게 느리지 않다고!

达: Jiù shì zhōngtú bú shuìjiào, yě bùyídìng shèngdeliǎo wūguī.
중도에 잠을 안자도, 거북이를 꼭 이길 수 있다고 볼 수 없어.

jísù qiánjìn 잽싸게 앞으로 나간다

爸: Dádá kuài lái zhuō!
다다 빨리 와 잡아!

达: Dádá nǐ de wūguī pǎodiào le ya!
다다야 네 거북이가 달아나잖아!

▸净 모두, 온통 ▸瞎 함부로, 근거없이 ▸胜得了 이길 수 있다 ▸跑掉 달아나다

056 肖像画 xiàoxiànghuà 초상화

达: Mā! Bú yào dòng!
엄마! 움직이지 마세요!

shā! shā! 싹! 싹!

达: Hěn kě'ài ba!
아주 귀엽지요!

妈: Wā! Zhè shì wǒ de liǎn ma?
왜! 이게 내 얼굴이니?
Huà de hǎo xiōng!
아주 사납게 그렸구나!

达: Bà! Bú yào dòng!
아빠! 움직이지 마세요!

shā! shā! 싹! 싹!

▸ **可爱** 귀엽다 ▸ **脸** 얼굴

今天是母亲节

一天早晨，孩子问爸爸：“爸爸，今天怎么是你做早餐呢？
妈妈生病了吗？”
爸爸说：“宝贝，今天是母亲节呀！”
孩子疑惑地问道：“哦，那其他日子，都是父亲节吗？”

jīntiān shì mǔqīnjié

Yìtiān zǎochén, háizi wèn bàba: “Bàba, jīntiān zěnme shì nǐ zuò zǎocān ne?
Māma shēngbìng le ma? ”
Bàba shuō: “Bǎobèi, jīntiān shì mǔqīnjié ya!”
Háizi yíhuò de wèndào: “Ò, nà qítā rìzi, dōu shì fùqīnjié ma?”

오늘은 어머니날

어느 날 아침, 아이가 아빠에 물었다. “아빠, 어째서 여태 아침 준비하고 계세요?
엄마 어디 아파요?”
아빠가 말했다. “얘야, 오늘은 어머니날이란다.”
아이는 의아해하며 물었다.
“어, 그럼 다른 날은 다 아버지날이에요?”

057 道别 dàobié 작별인사

xīngxing bān 별반

妈: Māma zǒu la!
엄마 간다!

达: Wā! Wā! 앙! 앙!

xià yí tiào 깜짝 놀란다

妈: Qíguài? Tā cónglái méi kū guo?
이상하네? 얘는 지금껏 운 적이 없는데!?

tíngzhǐ 뚝 그친다

达: Wā! Wā! 앙! 앙!

妈: Yòu lái le!
또 그러네!

▸ **吓一跳** 깜짝 놀라다 ▸ **从来没+동사+过**guo 지금까지~한 적이 없다 ▸ **又来了** 또 시작이다!

妈: Huìbuhuì shì fāshāo le?
열은 없나?
Háishì zǎoshàng mà tā mà de tài xiōng le?
아니면 아침에 너무 심하게 야단을 쳤나?

妈: Yī dàzǎo jiù duì tā fā píqì hǎoxiàng bú tài hǎo.
식전부터 애한테 성질부리는 게 그리 좋지 않아!

达: Wā! Wā! 앙! 앙!

妈: Yuè xiǎng yuè bú duì,
생각할수록 이상한데.

达: Wā! Wā! 앙! 앙!

chuítóusàngqì 의기소침해한다

达: Nǐ kàn! Duō hǎo wán.
봐! 얼마나 재밌는데.
Jīntiān yídìng huì hěn zǎo lái jiē wǒ.
오늘은 틀림없이 일찌감치 날 데리러 올 거야.

- **是~还是~?** ~인가? 아니면~인가?
- **骂** 욕하다, 꾸짖다
- **越~越** yuè~ ~할수록 ~하다
- **多+형용사** 얼마나
- **接** 데리러오다, 마중가다

058 打扫 dǎsǎo 청소

妈: Dào nàbiān qù! Bié àishì!
저쪽으로 가라! 방해하지 말고!

hū- 훅 –

妈: Dào biéde dìfang qù!
다른 곳으로 가라!

hū- 훅 –

妈: Bú yào lǎo pǎodào xīchénqì qiánmian!
자꾸 청소기 앞으로 다니지 말고!
Dào bú àishì de dìfang qù!
방해 안 되는 곳으로 가라구!

妈: Dá-dá-!
다–다아!

▸ **碍事** 방해가 되다 ▸ **跑到+장소** ~로 다니다 ▸ **地方** 곳, 장소

059 生气 shēngqì 화내다

达: Bèndàn! Nǐ zhège bèndàn!
바보! 이런 바보 같으니라구!

爸: Hǎoxiàng zài gēn shéi fā píqì ya!
누구한테 성질부리고 있는 것 같은데!

达: Jiào nǐ duìzhǔn, què lǎoshì zhuànlái-zhuànqù bù tīnghuà!
정확하게 조준하라니까, 자꾸 이리저리 돌면서 말을 안 들어!

妈: Bù zhīdao zài mà shéi?
누구를 욕하고 있는지 모르겠어요?

爸: Dádá!
다다야!
Zài gēn shéi shēngqì ne?
누구한테 화내고 있었니?

达: Gēn wǒ de xiǎoniǎoniǎo!
내 고추한테요.

达: Zǒngshì zhuànlái-zhuànqù de, nòng de dàochù shīdādā, zhēn tǎoyàn!
만날 이리 삐뚤 저리 삐뚤, 사방을 적셔놔서, 정말 미워요!

▸**发脾气** 성질부리다 ▸**对准** 똑바로 조준하다 ▸**弄得** (결과) ~하게 하다 ▸**湿答答** 흠뻑 젖다

060 犹豫不决 yóuyùbùjué 망설임

达: Xī! 히히!

达: Gāi xuǎn nǎge hǎo ne?
어떤 걸로 하면 좋을까?

达: Zhèyàng yě búcuò!
이렇게 하는 것도 괜찮고!

达: Bù, zhèyàng bǐjiào hǎo.
아니야, 이렇게 하는 게 더 좋아.

达: Yǒu hǎo jǐ zhǒng a!
몇 가지 있어요!
Bù zhīdao bǎi nǎge zīshì hǎo?
어떤 폼을 잡아야 할지 모르겠네.

爸: Zìjǐ juédìng ba!
알아서 결정해!

▸ **该+술어+好**hǎo? ~해야 좋을까? ▸ **选** 선택하다

061 马戏团 mǎxìtuán 서커스단

Wā! Wā! 와! 와!

Wā! Wā! 와! 와!

tiǎnlái-tiǎnqù 낼름낼름

达: Ò! Tā zài chī dōngxi!
오! 쟤가 뭘 먹고 있네!

Zài chī jiǎnglì de bǐnggān a!
잘했다고 비스킷을 먹고 있는 거야!

Wā! 와! 와!

tiǎnlái-tiǎnqù 낼름낼름

达: Ò! Báixióng yě zài chī!
어! 곰도 먹고 있네!

达: Ò! Shīzi yě zài chī dōngxi!
오! 사자도 뭘 먹고 있잖아!

妈: Zǎo zhīdao gāi dài diǎn líng-shí lái, cǎn le!
이럴 줄 알았으면 간식을 좀 가지고 오는 건데, 아뿔싸!

▸ 舔来舔去 이리저리 핥다 ▸ 奖励 칭찬하다, 표창하다 ▸ 零食 간식 ▸ 惨 비참하다

062 小蜜蜂咖啡厅 xiǎomìfēng kāfēitīng 작은 꿀벌 커피숍

xiǎomìfēng kāfēitīng
작은 꿀벌커피숍

爷: Zǎo a! Dádá!
안녕! 다다!

达: Zǎo, yéye!
안녕하세요! 할아버지!

爸: Zǎo a! Bà!
안녕하세요! 아빠!

达: Jīntiān yǒu rén yào lái tuō'érsuǒ pāi diànshì o!
오늘 어떤 사람이 어린이집에 텔레비전 찍으러 온데요!
Wǒmen quán dōu huì shàng diànshì!
우리 전부 텔레비전에 나올 거예요!

爷: Wā! Nà tài hǎo le!
와! 거 참 잘됐구나!

曾: Dádá! Zhège gěi nǐ chuānshàng.
다다야! 이거 줄테니 입거라.
Hǎo piàoliang de wéizu(ǐ)r o! Chuānshàng qù xuéxiào ba!
예쁜 턱받이야! 입고 학교에 가!

达: Xièxie!
고맙습니다!

爷: Bà!
아빠!

达: Zěnme le!?
왜 그러니?

xiǎomìfēng kāfēitīng
작은 꿀벌커피숍

▸ **有人~** 어떤 사람 ▸ **拍** 찍다, (손뼉)치다 ▸ **上电视** 텔레비전 출연하다 ▸ **围嘴儿** 턱받이

063 寻找失物 xúnzhǎo shīwù 분실물 찾기

达: Bújiàn le!
안 보이네!
Zuótiān cái jiǎndào de! Jīntiān jiù……
어저께 주운 것인데! 오늘은…….

妈: Yòu nòngdiū shénme le!?
뭘 또 잃어버렸니!?

达: Bāng wǒ zhǎozhǎo, yídìng zài jiā lǐmian!
같이 찾아 줘요, 틀림없이 집안에 있을 거야!

妈: Bù bāng!
싫어!
Lǎoshì zhèyàng, nǐ zìjǐ zhǎo!
언제나 이렇지, 너 혼자 찾으렴!

妈: Bàba ya! Kuài lái yìqǐ zhǎo!
아빠! 빨리 와서 함께 찾아요!

爸: Zěnme le? Fāshēng shénme dàshì le!?
왜 그래? 무슨 큰 일 났어!?

爸: Tángláng de luǎn!?
사마귀 알?

妈: Shì a! Yí dào chūntiān, huì fū de mǎn wūzi dōu shì!
그래요! 봄까지 놔두면, 집안이 온통 부화한 알로 가득할 거예요!

- ▸ **不见了** 없어졌다 ▸ **弄丢** (가지고 있다가) 잃어버리다 ▸ **帮** ~을 도와서, 돕다 ▸ **一+동사** ~되자마자
- ▸ **到+시점** ~이 되다 ▸ **满+장소+都** ~에 온통

064 男人的泪 nánrén de lèi 남자의 눈물

爸: Dòngbudòng jiù kū!
걸핏하면 우니!
Zhēn xiàng nǚ háizi!
정말 여자애 같구나!

爸: Dòngbudòng jiù kū de shì nǚshēng!
툭하면 우는 게 여학생이야!
Nánshēng cái bú'ài kū!
남학생이야말로 잘 울지 않아!

爸: Wǒ shuō cuò huà le, duìbuqǐ!
내가 말을 잘못했다. 미안해!
Wǒ yǐwéi shì zhèyàng, qíshí búshì.
그런 줄 알았는데, 사실은 아니네.

sǐ dèngzhe kàn
눈을 부릅뜨고 노려본다

爸: Zhīdào ma? Dádá!
알겠니? 다다야!

达: Zuìjìn de nǚshēng dōu bù kū, hěn jiānqiáng de!
요즘 여학생들은 안 울어, 아주 강하다고!

▸ **动不动就~** 걸핏하면 ▸ **以为** ~인줄 알았다 ▸ **其实** 사실은

065 陪伴 péibàn 동반

爸: Wǒ yíge rén qù jiù xíng le!
나 혼자 가면 되잖아!

达: Bù kěyǐ!
안돼!

龙: Bú yào! Bú yào kàn yáyī!
싫어! 치과의사한테 안 갈 거야!

妇: Nǐ kàn! Rénjia duō guāi.
봐라! 남은 얼마나 착하니.

医: Ò! Jīntiān shì bàba yá téng.
오! 오늘은 아빠가 치통이군요.

爸: Ā- 아 –

达: Xī! 히히!

▸ ~就行了 ~하면 된다 ▸ 看 진찰하다 ▸ 牙医 치과의사 ▸ 牙疼 치통

066 超级想象力 chāojí xiǎngxiànglì 놀라운 상상력

达: Tāngsháo jiù shì qìchē.
숟가락이 자동차야.

爸: Nǐ shuō shénme?
뭐라고!?

达: Néng bǎ shíwù dài jìn zuǐba.
음식을 입으로 싣고 들어갈 수 있어요.

Ā- 아-

Èn! 음!

爸: Yuánlái rúcǐ!
알고 보니 그렇구나!

爸: Ō! Hǎo kě'ài!
오! 참 귀엽구나!

妈: Zhēnshì tiānzhēn de tóngyán!
정말 천진스런 아동 언어네!

达: Ā! 어!

妈: Zěnme le?
왜 그러니?

达: Shíwù cóng suìdào pǎo chū lai le!
음식물이 터널을 통해 나와요

爸: Shénme!
뭐!

èchòu 악취

▸ **如此** 이와같다 ▸ **真是~!** 정말이지~구나! ▸ **隧道** 터널

067 决斗 juédòu 결투

达: Wǒ bǐjiào kuài!
내가 더 빠르다!

平: Wǒ cái shì!
내가 빨라!

dā! dā! 따! 다!

dā! dā! dā! 따! 다! 다!

Wā! 와!

达: Shǎnkāi!
비켜!

达: Xièxie nǐ tī wǒ!
발로 차줘서 고마워!

平: Xièxie nǐ lā wǒ tóufa!
내 머리 잡아 당겨줘서 고마워!

tíngzhù 멈춘다

jī-jī- 끼-익-

达: Tíng xià lai le.
멈췄어.

平: Tài hǎo le!
잘했어!

▸ **闪开** 비키다, 피하다 ▸ **踢** (발로) 차다 ▸ **停下来** 멈추다

배꼽 잡는 유머 · 07 笑话真是逗人 xiàohuà zhēnshì dòu rén

我爸厉害

三个小孩在一起吹嘘自己的父亲。
第一个说："我爸能潜水五分钟。"
第一个说："我爸能潜水十分钟。"
第一个笑了，他蔑视地对那两人说："我爸自从两年掉下水去现在还没上来呢。"

wǒ bà lìhai

Sān gè xiǎohái zài yìqǐ chuīxū zìjǐ de fùqin.
Dì-yī gè shuō: "Wǒ bà néng qiánshuǐ wǔ fēnzhōng."
Dì-yī gè shuō: "Wǒ bà néng qiánshuǐ shí fēnzhōng."
Dì-yī gè xiào le, tā mièshì de duì nà liǎng rén shuō: "Wǒ bà zìcóng liǎngnián diàoxià shuǐ qù xiànzài hái méi shànglai ne."

우리 아빠가 대단해.

세 아이가 모여서 자기 아버지를 치켜세웠다.
첫 번째 아이가 말했다. "우리 아빠는 5분 잠수할 수 있다."
두 번째 아이가 말했다. "우리 아빠는 10분 잠수할 수 있다."
세 번째 아이가 미소를 지으며, 멸시하는 태도로 그 두 아이에게 말했다.
"우리 아빠는 2년 전에 물속에 들어가서 지금까지 올라오지 않았어."

谁能忍? shéi néng rěn 누군들 참겠어?

达: Kuài chūlai! Rénjia yào niàoniào!
빨리 나와요! 나 오줌 마려워!

爸: Nǐ shǔdào èrshí wǒ jiù chūlai.
스물까지 세면, 나갈게.

达: Bùxíng, shǔdào shí!
안돼, 열까지 셀래!

爸: Bùxíng, shǔdào èrshí!
안돼, 스물까지 세!

达: Bú yào èrshí, wǒ zhǐyào shǔdào shí!
스물은 안돼, 열까지만 셀 거야!

爸: Wǒ shuō èrshí jiù èrshí!
내가 스물이라면 스물이야!

达: Èrshí tài cháng le, shí bǐjiào duǎn!
스물은 너무 길어, 열이 더 짧잖아!

爸: Shǎguā! Cóng gāngcái jiù kāishǐ shǔ èrshí, xiànzài bù zǎo shǔ wán le!?
바보! 아까부터 스물세기 시작했으면, 지금은 벌써 다 세지 않았겠니!?

▸**尿** 오줌 누다 ▸**数到~** ~까지 세다 ▸**只要~** ~하기만하면 ▸**刚才** 아까 ▸**早** 진작에, 이미
▸**数完** 다 세다

069 回家的路上 huíjiā de lùshàng 귀가길

pā! 팍!

达: Wā! Zhǐ pò le.
왜! 종이가 찢어졌네.

pā! 팍!

达: Wā! Xiāngzi yě liè le!
왜! 상자도 열렸어!

达: Bà! Diàn lǎobǎn méi bǎ dōngxi bāo hǎo.
아빠! 상점 주인이 물건을 제대로 싸지 않았어요.

达: Nǐ kàn! Lián wánjù dōu diào chūlai le.
아빠, 장난감이 삐져나왔어요.

爸: Búshì shuō hǎo huíjiā zài chāi de ma?
집에 돌아가서 뜯기로 하지 않았니?

pēng! 콕!

▸ **破** 찢어지다 ▸ **裂** 벌어지다, 열리다 ▸ **包好** 잘 포장하다 ▸ **连~都**dōu ~조차도
▸ **掉出来** (밖으로) 삐져나오다 ▸ **不是说好~吗?** ~라고 약속하지 않았냐? ▸ **拆** 뜯다

070 游泳课 yóuyǒng kè 수영 수업

达: Wèi! Xiǎo Píng nǐ kàn, wǒ huì diéyǒng!
야! 샤오핑 봐라, 나 접영 할 줄 안다!

huālā huālā 첨벙 첨벙

平: Wā hā hā! Dádá, wǒ yóu de bǐ nǐ hǎo!
와하하! 다다, 내가 너보다 수영 잘하지!

huālā huālā 첨벙 첨벙

师: Hǎo bèn o! Nǐmen liǎng ge!
참 멍청하구나! 너희 둘 다!

Shéi jiào nǐmen liànxí shí zuǐba zhāng nàme dà!
누가 너희들 연습할 때 입을 그렇게 크게 벌리라고 했니!

È! 어!

gūlū gūlū 꾸르륵 꾸르륵!

▸ 会+동사 ~할 줄 알다 ▸ 张 벌리다

071

礼物 lǐwù 선물

妈: Dádá! Nǎinai dǎ diànhuà gěi nǐ o!
다다야! 할머니가 너한테 전화하셨다!

达: Mā! Bāng wǒ ná xiàlai!
엄마! 풀어줘요!

达: Wǒ dàizhe zhège, nǎinai huì hěn gāoxìng de.
내가 이걸 차고 있으면, 할머님이 아주 기뻐하실 거야.

达: Wèi! Nǎinai!
여보세요! 할머니!
Nǐ kàn dào wǒ chuānzhe nǐ sònggěi wǒ de wéizu(ǐ)r ma? Xièxie a!
내가 지금 할머니가 보내준 턱받이 하고 있는 거 보이세요? 고마워요!

▸ **拿下来** (위의 물건을) 잡아내리다 ▸ **戴** (시계를)차다, (모자를)쓰다 ▸ **会~的** de ~일 것이다

072

容器 róngqì 용기

达: Wā! Yǒu yú!
왜! 물고기다!

平: Kuài zhuā! Kuài zhuā!
빨리 잡아! 빨리 잡아!

达: Hǎo bù róngyi zhuōdào yú ……
힘들게 물고기를 잡았는데……

平: Què méi dài zhuāng yú de dōngxi!
고기 담는 거 안 가져왔잖아!

师: Yí!? Zěnme dōu zhǐ chuān yìzhī xié ne?
어라!? 어째 다 신발 한 짝씩만 신었니?

大家: Jiègěi yúr le!
고기한테 빌려줬어요!

▸ **好不容易** 가까스로 ▸ **装** (물건을) 담다, (차에) 싣다 ▸ **只** (신발) 짝, (동물) 마리

073 踢球 tiqiu 공차기

pēng! 쏴

达: Wā! Zhège yònglái dāng qiúwǎng zuì hǎo le!
왜! 이걸로 골그물하면 참 좋겠다!

平: Xīxī!
히히!

平: Wā hā hā, kàn wǒ de!
와하하, 날 잘 봐!

pēng! pēng! 탁! 탁!

达: Ō! Jìn le-
오! 들어가 버렸네!

Húndàn!
머저리!

达: Tǎoyàn! Zhècì yídìng búhuì shūgěi nǐ!
미워! 이번엔 절대 안 질 거야!

▸ **用来** ~로써 ▸ **当** ~로 삼다 ▸ **输给** ~에게 지다

074

物尽其用 wù jìn qí yòng 물건 십분 활용

tiǎn- tiǎn- 쩝- 쩝-

爸: Yào chī gānjìng, chīdào zuìhòu yìkǒu, zhīdao ma?
깨끗이 먹으려면 마지막 한 입까지 먹어야되, 알겠니?

pā! 쩍!

爸: Wèi!
야!
Bié wúliáo le!
쓸데없는 짓 하지 마!

达: Xīguāzhī!
수박즙!

chá- 쭉-

▸**吃到** (결과) ~까지 먹다 ▸**无聊** 심심하다, 무의미하다

075 杀蟑螂 shā zhānglǎng 바퀴벌레 잡기

妈: Yǒu yìtiān tǎngzhe kàn xiǎoshuō.
가끔 누워서 소설을 본다.
Dú yíxià zìjǐ ài kàn de àiqíng xiǎoshuō, hǎo bàng! Fēngmiàn hǎo piàoliang.
내가 좋아하는 애정소설을 좀 읽어봐야지. 대단한데! 표지가 너무 예쁘다!

妈: Wā! Zhānglǎng!
악! 바퀴벌레!
Shéi kuài lái shāsǐ tā!
누구 빨리 와서 죽여!

达: Kàn wǒ de!
저한테 맡겨요!

pā! 탁!

妈: Xièxie! Zhèyàng māma jiù fàngxīn le!
고맙다! 이제야 엄마가 마음 놓인다.

妈: Hào ěxīn!
아휴 못말려!
Zhè kěshì wǒ xīn'ài de shū!
이건 내가 애지중지하는 책이잖아!

▸ **偶尔** 간혹, 이따금 ▸ **躺** 눕다 ▸ **封面** 표지 ▸ **恶心** 역겹다

076

夕阳 xīyáng 석양

达: Wā! Tàiyé nǐ kàn!
왜! 증조할아버지 보세요!

曾: Xīyáng zhēn měi a!
석양이 참 아름답구나!

达: Diào dào hǎilǐ le!
바다로 떨어지네요!

达: Yī, èr, sān, sì, wǔ, liù, qī, ……
Sìshíwǔ, sìshíliù, sìshíqī, ……
bāshí, bāshíyī, bāshí'èr, ……

达: Hǎo lìhài o! Néng qiánshuǐ qián nàme jiǔ!
아주 대단한데! 잠수를 저렇게 오래 할 수 있다니!

▸ **掉到** ~로 떨어지다 ▸ **厉害** 대단하다, 심하다 ▸ **潜** 잠기다

077 圣诞大会 shèngdàn dàhuì 성탄절 행사

大家: Wā! Shèngdàn lǎorén!
왜! 산타 할아버지!

老: Dàjiā zěnme huānyíng, tài hǎo le!
모두들 이토록 환영해 주니, 참 좋구나!

老: Wǒ shì shèngdàn lǎorén, lái ba!
내가 산타 할아버지다. 오거라!

Wā! 와!

xiū- 휙-

大家: Wā! Lǐmian bù zhīdao zhuāng shénme?
와! 안에 뭐가 들어있을까?

达: Wā, zhè shì shénme?
와, 이건 뭐지?

华: Zhǐqìqiú!
종이풍선!

老: Nàme dàjiā zàijiàn le!
그럼 모두 안녕!

▸**那么** 그러면

达: Nǐ jiēxiàlai shàng nǎr qù ne?
할아버지 계속해서 어디에 가세요?

华: Shì a! Shàng nǎr qù?
그래요, 어디 가세요?

老: Dào hǎoyuǎn hǎoyuǎn de dìfang.
아주 멀고 먼 곳으로 간단다.

达: Nàme yuǎn ya?
그렇게나 멀리요?

老: Shì a! Yào qù hǎoyuǎn hǎoyuǎn de dìfang.
그래! 멀고 먼 곳으로 가야 한단다.

华: Zàijiàn!
안녕!

老: Jué bù néng chāichuān ér huǐ le tāmen de mèng.
절대로 신분을 노출해서 그들의 꿈을 깨뜨릴 수 없지.

Hǎo kě'ài, búguò zhèxià kě cǎn le.
참 귀여운 것, 그런데 이번엔 좀 난처한데.

达: Lǎoshī! Suǒzhǎng yào zǒudào shénme dìfang cái kěn tíngxiàlai?
선생님! 소장님은 어디까지 가서야 멈추실 건가요?

华: Tā bù huílai le ma?
소장님은 이제 안 돌아오시나?

师: Hāhā! Yuánlái nǐmen zǎo jiù zhīdao le.
하하! 이제 보니 너흰 벌써 알고 있었구나.

▸**接下来** 계속해서 ▸**绝** 절대로 ▸**拆穿** 폭로하다 ▸**这下** 이번에 ▸**肯** 기꺼이~하려하다

배꼽 잡는 유머 · 08 笑话真是逗人 xiàohuà zhēnshi dòu rén

鱼不放刺更好吃

小童在姑姑家吃饭，姑姑做了鱼给他吃。
小童边吃边说: 这鱼真好吃，要是不放刺就更好了!

yú bú fàng cì gèng hǎochī

Xiǎotóng zài gūgu jiā chī fàn, gūgu zuòle yú gěi tā chī.
Xiǎotóng biān chī biān shuō: Zhè yú zhēn hǎochī, yàoshi bú fàng cì jiù gèng hǎo le!

생선에 가시를 안 넣으면 더욱 맛있는데

소동이 고모 집에서 밥을 먹는데, 고모가 생선을 만들어주었다.
소동이 먹으면서 말했다. 이 생선은 정말 맛있어요. 만약 가시를 넣지 않으면 더 좋은데.

078 舂糯米糕 chōng nuomigao 찹쌀떡 찧기

- Wā! Wā! 와! 와!
- niánniánde 끈적끈적

师: Dàjiā yìqǐ lái cuō!
모두 함께 빚어요!

大家: Zhēn bàng wo!
아이 좋아라!

甲: Zhèxià huàn wǒ le.
이번엔 제가 교대하겠습니다.

爸: Duìbuqǐ! Shǒu chūhàn le, wòbúzhù.
미안합니다! 손에 땀이 나서, 쥘 수가 없네요.

达: Bà! Wǒ cuō le yǐhòu, shǒu yě biàn gānjìng le!
아빠 내가 빚으니까, 손이 다 깨끗해졌어요!

▸ **舂** (절구에) 찧다, 빻다 ▸ **换** 교대[교체]하다 ▸ **握不住** (손을) 쥘 수 없다

079 感谢客满 gǎnxiè kèmǎn 만원사례

曾: Zài dài xiē hǎopéngyǒu lái ba! Zuìjìn tǐng xián de.
친한 친구들 좀 데려오렴! 요즘 아주 한가하단다.

爸: Hǎo a!
좋지요!

- xiǎomìfēng kāfēitīng
작은 꿀벌 커피숍
- zhīzhīzhāzhā 시끌벅적
- Wā! Wā! 와! 와!

爸: Jīntiān zěnme zhème rènao!?
오늘은 웬 일로 이렇게 붐비지!?

爸: Yéye hǎo!
할아버지 안녕하세요!
Shēngyi búcuò ma!
장사가 괜찮네요!

曾: Shì a……
그래….

曾: Hǎoxiàng tuō'érsuǒ.
어린이집 같지.

达: Nǐ kàn! Wǒ dài le yìqún péngyou lái!
저기요! 제가 친구들을 왕창 데리고 왔어요!

▸ **客满** 만원이다 ▸ **挺+형용사+的** 매우~하다 ▸ **闲** 한가하다 ▸ **群** 무리, 떼

080 男与女 nán yǔ nǚ 남과 여

达: Wǒmen nánshēng cái bù gēn nǐmen chǒu nǚshēng wá(n)r!
우리 남학생들은 니들 같이 못생긴 여학생들하고 안 놀아!

华: Hā! Wǒmen nǚshēng cái bù gēn nǐmen nánshēng wá(n)r!
하하! 우리 여학생이야말로 니들 같은 남학생하고 안 놀아!

达: Cái bù gēn nǐmen wá(n)r ne! Hèng!
우리야말로 너희들 하고 안 놀아! 흥!

女: Yí!? Zěnme juéde húnshēn bú duìjìn!?
어!? 어째 몸이 이상해지는 것 같아요!?

男: Nǐ xiǎng tài duō la!
너무 생각을 많이 해서 그래!

▸ 与 ~와[과] ▸ 丑 못생기다 ▸ 浑身 온몸 ▸ 不对劲 이상하다, 문제가 있다

081 帮忙做家事 bāngmáng zuò jiāshì 집안 일 돕기

达: Mā! Wǒ lái bāng nǐ máng!
엄마! 내가 도와줄게요!

妈: Xièxie! Kěshì……
고맙다! 하지만……
Wánjùdāo néng qiē ma?
장난감 칼로 되겠니?

达: Méi wèntí!
문제없어요!

妈: Wànyī shòushāng le, wǒ kě bù guǎn!
만약에 다치면, 난 책임 못 진다!

达: Wū- Wū-
욱 욱

爸: Zěnme le?
왜 그러니!?

达: Yí!?
어!?

达: Wā!
와!

妈: Hā!
하!
Yuánlái shì qiē yángcōng.
양파를 썰다가 그랬구나.

▸ **受伤** 다치다 ▸ **管** 관여하다, 상관하다

082 地铁里 dìtiě li 지하철에서

★ hōnglōng hōnglōng 덜커덕 덜커덕

女: Fàngkāi shǒu!
손 치워요!

曾: Zěnme le!?
왜 그러세요!?

女: Nǐ de shǒu tài ěxīn le ba!
추악한 손으로 어딜!

曾: Ěxīn shénme ěxīn!?
추악하다니요!? 뭐가 추악하다는 거요!?

女: Ā!
앗!

达: Hǎo téng! Āyí kuài fàngkāi!
아파요! 아줌마 빨리 놔줘요!

曾: Ā! Dádá!
아! 다다가!

曾: Duìbuqǐ! Wǒ wàisūn bù dǒngshì.
미안합니다! 제 외손자 녀석이 철이 없어서 그만.

女: Wǒ cái duìbuqǐ!
제가 죄송하네요!

达: Wǒ de kǒuxiāngtáng ná bú xià lai la!
내 껌이 안 떨어진단 말이야!

▸ 放开 놓아주다 ▸ 不懂事 철이 없다

083 跳绳 tiàoshéng 줄넘기

达: Wǒ néng tiào wǔshí'èr xià!
난 52번 줄넘기 할 수 있다!

平: Shénme? Wǒ kěyǐ tiào, liùshí'èr xià!
뭐라고!? 난 62번 할 수 있어!

达: Piàn rén! Nǐ nǎ huì!
거짓말! 네가 어떻게 하니!

平: Nǐ cái piàn rén ne!
너야말로 거짓말 마!

达: Lǎoshī nǐ dāng cáipàn!
선생님께서 심판 봐주세요!

师: Hǎo!
좋지!

平: Wǒ zhēn de kěyǐ tiào dào liùshí'èr ma!
난 정말 62번 줄넘기 할 수 있다니까!

达: Yī, èr, sān, bā, èrshí, sānshí'èr, shíbā, shíjiǔ, sìshí, sìshísān, èrshíwǔ, wǔshí'èr

★ pā! pā! 딱! 딱!

平: Yī, sì, bā, shí, èrshí'èr, shíbā, shíjiǔ, sānshí, èrshíbā, sānshíbā, liùshí'èr

华: Zhè nǎ jiào tiàoshéng!
저걸 줄넘기라고!

师: Zhè nǎ jiào shǔshù!
그게 무슨 수 세기니!

▸ **跳到** ~까지 뛰다 ▸ **下** ~번 ▸ **哪** (반문)어찌, 어디 ▸ **数** 수세다

084 哲学家 zhéxuéjiā 철학자

哲: Rénshēng shì shénme?
인생이란 무엇인가?
Ài shì……
사랑이란……

niànniànyǒucí 중얼중얼

达: Zhè shì shénme túhuàshū ne?
이게 무슨 그림책이지?

哲: Kàntòu zhēnlǐ de gǎnxìng jiàozuò shénme?
진리를 꿰뚫어 보는 감성은 무엇이라 하는가?

niànniànyǒucí 중얼중얼

达: Wāhāhā!
와하하!

哲: Ò! Tā kàn le zhè shū jìngrán xiǎng xiào!?
오! 저 애가 이 책을 보고 뜻밖에 웃을 생각을 하다니!?

哲: Xiǎo háizi de gǎnjué bǐjiào mǐngǎn ba. Zhè yìwèi zhe shénme?
아이들의 감성이 더 예민한가! 이게 무엇을 의미하는 거지?

达: Nà shūshu de shū shang zhān zhe bíshǐ ne!
저 아저씨의 책에 코딱지가 붙어있다.

豪: Hāhā! 하하!

▸**看透** 간파하다 ▸**竟然** 뜻밖에 ▸**较** 비교적 ▸**沾** 묻다, 젖다

085 心理学 xīnlǐxué 심리학

哲: Èn! Zhǎo zhè xiǎo háizi shìshi!
음! 저 애로 좀 시험해 보자!
Jiù bǎ róngyì shàngdàng de xiǎo háizi de xīnlǐ dàngzuò bìyè lùnwén de tímù!
쉽게 속아 넘어가는 아이의 심리를 졸업논문 제목으로 하자.

哲: xiǎopéngyou!
꼬마 친구!
Shūshu dài nǐ qù chī hǎo dōngxi,, hǎobuhǎo?
아저씨가 데려가 맛있는 거 사줄까?

达: Hǎo dōngxi!? Nǐ shì zhǐ dàngāo?
맛있는 거!? 케이크 말이에요?

哲: Dāngrán shénme dōu mǎi gěi nǐ!
물론 뭐든지 사줄게!

达: Nǐ zhēn de huì dài wǒ qù?
정말 절 데려 가실 거예요?

达: Nàjiā diàn de bǐjiào hǎochī!
저 가게 것이 더 맛있어요!

明: Shì a!
그래!

豪: Shūshu, zhēn hǎo o!
아저씨 정말 착하다!

华: Shūshu zhēn hǎoxīn o!
아저씨 참 마음씨가 좋다!

▸ **试** 시도하다 ▸ **受** (추상적인 것) ~을 받다 ▸ **诱骗** (달콤한 말로) 속이다 ▸ **什么都~** 뭐든지 다
▸ **家** (상점, 서점, 식당의 양사)

086 客人如厕 kèrén rú cè 손님 화장실 보기

- dōng! dōng! 똑! 똑!
- pēng! 뻥!

达: Wǒ zài lǐmian!
저 안에 있어요!

- cèsuǒ 화장실
- biē de hěn nánshòu
급해서 참지 못한다

- dādā! 후다닥!
- dōng! dōng! 똑! 똑!
- dōng! dōng! 똑! 똑!

- kǎla! kǎla! 덜컥덜컥!

客: Nǐ jiūjìng yào shàngdào shénme shíhou? Kuài chūlai!
너 도대체 언제까지 화장실 볼 거야? 빨리나와!

- dōng! dōng! 똑! 똑!

▸**如厕** 화장실보다 = 上厕所 ▸**憋** (소변)참다, 견디다 ▸**难受** 참을 수 없다 ▸**上到** ~까지 화장실보다

087

回家 huíjiā 귀가

达: Dǎ nǐ!
때린다!
Dǎ nǐ!
때린다!

lèi hūn le 어질어질

pēng! 탁!

爸: Wǒ huílai la!
나 왔어!

妈: Huānyíng huílai!
돌아오신 것을 환영합니다!

爸: Ò! Wǒ huílai, dàjiā hǎo gāoxìng!
오! 내가 돌아오니까, 모두들 아주 기뻐하네!

爸: Yuánlái rúcǐ!
그럼 그렇지!

pā! pā! 딱! 딱!

▸ **累昏** (피곤해서) 어질어질하다

狗在干那事

弟弟看到两只狗在干那事儿，便问姐姐它们在做什么。
姐姐不好意思地说："它们在打架。"
旁边的男生大笑。
姐姐怒道："笑什么笑，想打架呀!"

gǒu zài gàn nà shì

Dìdi kàn dào liǎng zhī gǒu zài gàn nà shìr, biàn wèn jiějie tāmen zài zuò shénme.
Jiějie bùhǎoyìsi de shuō: "Tāmen zài dǎjià."
Pángbiān de nánshēng dàxiào.
Jiějie nù dào: "Xiào shénme xiào, xiǎng dǎjià ya!"

개가 그 짓을 하고 있어.

동생이 개 두 마리가 그 짓하는 것을 보더니, 바로 누나에게 쟤들이 뭐하고 있는지 물었다.
누나가 부끄러워하며 말했다. "쟤들 싸우고 있는 거야."
옆에 있던 남학생이 낄낄대며 웃었다.
누나가 성내며 말했다. "웃긴 뭘 웃어, 싸우고 싶어."

088

伟大的金鱼 wěidà de jīnyú 위대한 금붕어

sǐ dīng zhe 매섭게 노려본다

妈: Zěnme hái méi shuì a?
어째서 아직도 안자니?

达: Rénjia shuì le ma!
나 잠자는 거야!

爸: Zhè zěnme huí shì?
무슨 일인데 그래?

妈: Tā shuō yào xué jīnyú.
애가 금붕어를 따라하겠대요.
Nǐ shìbushì gàosu tā shuō jīnyú dōu zhēngzhe yǎnjing shuì?
당신 애한테 금붕어는 눈뜨고 잔다고 일러준 거 아녜요?

▸ **学** 흉내내다 ▸ **睁眼睛** 눈을 뜨다

089 怪癖 guàipǐ 괴벽

hūlū hūlū 후르륵후르륵

爸: Wā! Hǎo huì chī!
왜! 잘 먹는다!

妈: Wèishénme bù juéde ěxīn ne?
어째 징그럽지도 않나?

dàkǒu dàkǒu chī 꿀꺽꿀꺽

爸: Bà-mā dōu quánshēn fāmá le.
아빠 엄마는 몸이 다 오그라드는 것 같다.

妈: Lián kǒushuǐ dōu tūnbúxià le.
침조차 안 넘어가는데.

达: Rénjia xǐhuan shé ma!
난 뱀을 좋아해요!

爸: Ō! Shì ma?
오! 그러니?

妈: Zhēn shì guài rén.
정말 괴인이구나.

niǔlái-niǔqù 꿈틀꿈틀

hūlū hūlū 후르륵후르륵

妈: Méi biéde jiémù ma?
다른 프로는 없니?

▸ **会吃** 먹을 줄 알다 ▸ **为何** 왜 ▸ **发麻** 몸이 오그라들다 ▸ **吞不下** 삼킬 수 없다
▸ **扭来扭去** 좌우로 흔들며 걷다

090 说梦话 shuō mènghuà 잠꼬대

✪ Hū! Hū! 쿨! 쿨!

✪ shuì de hěn xiāng 아주 달콤하게 잔다

爸: Zhè xiǎozi mèngli yě zài xiào!
이 녀석 꿈속에서도 웃고 있네!

妈: Hǎo kě'ài!
참 귀여워요!

✪ Hū! Hū! 쿨! 쿨!

✪ Hū! Xīxī! 쿨! 히히!

爸: Yòu lái le!
또 그러네!

妈: Bù zhīdao yào xiào dào shénme shíhou!
언제까지 저럴지 모르겠어요!

达: Wā! Hāhāhā!
왁! 하하핫!

爸: Jǐdiǎn le?
몇 시나 됐나?

达: Āi!
나원참!

▸ **笑到** ~까지 웃다

091 口沫横飞 kǒumò héngfēi 파편

达: Ránhòu a! Ránhòu!
그리고는! 그런 다음에는!

妈: Zuǐba lǐmian yǒu dōngxi shí, bú yào jiǎnghuà!
입 안에 음식물 있을 때, 말하지 마!

达: Ránhòu a! Wǒ jiù……
그런 다음에는! 내가……

妈: Búshì jiào nǐ bú yào jiǎnghuà le ma?
엄마가 말하지 말라고 하지 않았니?

爸: Nǐ gěi wǒ bìzuǐ!
입 닥치지 못해!

妈: Nǐ kàn! Bà shēngqì le!
거봐! 아빠가 화내시잖아!

dèng- 노려본다-

▸ 横飞 사방으로 튀다 ▸ 给我+동사 (명령어기) ~못해!

092 书架 shūjià 책꽂이

妈: Nǐ mǎi shénme huílai le?
뭘 사가지고 오셨어요?

爸: Dádá de shūjià, wǒ mǎshàng zhuāng hǎo.
다다 책꽂이, 내가 금방 조립해 줄게.

妈: Dádá hěn kāixīn o!
다다가 아주 좋아하네!

爸: Shì a! yǒu zìjǐ de shūjià le ma!
그럼! 자기 책꽂이가 생겼으니까!

妈: Kěshì bìng búshì yīnwèi shūjià!
그런데 책꽂이 때문이 아닌가 봐요!

达: Wā! Hēi!
얏! 에잇!

★ pēng! dōng! 퍽! 딱!

妈: Yuánlái shì xǐhuan zhè zhuāng shūjià de zhǐxiāng.
책꽂이를 포장했던 저 박스를 좋아했네요.

▸ **装** (물품을)담다, 조립하다 ▸ **并不是~** 결코~아니다

093 黏土创作 niántǔ chuàngzuò 점토 작품

爸: Ò! Shì dàxiàng!
오! 코끼리구나!

达: Dá duì le!
바로 맞췄어요!

爸: Shì shé!
뱀인데!

达: Bú duì!
틀렸어요!

达: Búshì dòngwù!
동물은 아니에요!

爸: Búshì dòngwù?
동물이 아니면?
Nà huì shì shénme ne?
그럼 무엇일까?

妈: Āiyā!
으악!

达: Xiàngbuxiàng zhēn de dàbiàn?
진짜 똥 같지 않아요?

dōng! 쿵!

▸ **黏土** 점토 ▸ **创作** 창작, (문예)작품 ▸ **答对** (답을) 맞추다

094 水彩画 shuǐcǎihuà 수채화

爸: Dàjiā dōu huà de hǎo piàoliang!
모두들 아주 예쁘게 그렸구나!

达: Wèishénme jiù Dádá huà de hēiyāyā de?
왜 다다만 새까맣게 그렸을까?

爸: Nèixīn yídìng hěn yīn'àn……
마음이 틀림없이 어두운 거야……
Zhège niánjì de xiǎo háizi xīnli zhēn gǎobùdǒng……
요만한 나이의 애들 심리는 정말 알 수가 없어……

达: Huà de hēiyāyā dōu shì bà hài de!
새까맣게 그린 건 다 아빠 때문이야!

xià yí tiào 깜짝 놀란다

爸: Yí!? Wǒ hài de?
어!? 나 때문이라고?

达: Jiào nǐ mǎi lánsè shuǐcǎi yìzhí bù mǎi, zhǐhǎo yòng hēide dàitì!
아빠한테 남색 수채화물감을 사 달라고 했는데 여태까지 안 사줘서, 할 수 없이 검은색으로 대신했어!

hūndǎo 졸도한다

▸黑鸦鸦 새까맣다 ▸晦暗 어둡다, 캄캄하다 ▸搞不懂 알다가도 모르겠다

095 食欲 shíyù 식욕

达: Wā! Zǎoshàng jiù chī gālí fàn!
와! 아침에 카레밥 먹네!

妈: Duìbuqǐ! Zuówǎn shèng tài duō le.
미안해! 어제 저녁에 너무 많이 남았어.

达: Méi guānxi! Wǒ zuì ài chī gālí fàn le.
상관없어요! 내가 카레밥을 제일 좋아하잖아요.

- hūlū 후르륵
- dà kǒu chī 꿀꺽

师: Zěnme le? Dádá!
왜 그러니? 다다야!
Shìbushì bù shūfu?
어디 불편하니?

师: Jīntiān búshì nǐ zuì ài chī de gālí fàn ma?
오늘은 네가 제일 좋아하는 카레밥 아니니?

- hǎo nì 아주 질려한다

▸ **剩** (음식)남다 ▸ **不舒服** (몸이) 불편하다 ▸ **腻** 질리다

096

筷子 kuàizi 젓가락

- huá 미끌
- dōng 탁

达: Ā!
어!

- gǔn 데구르

达: Yí?
어랍쇼?

- gǔn 데구르

达: Zhēnshì de!
정말 이럴래!

妈: Táo yě méiyòng! Kuài huílai chī húluóbo!
도망쳐도 소용없어! 빨리 돌아와 홍당무 먹어!

爸: Zhìhuìxíng fànzuì.
지능범이야.

▸逃 도망치다 ▸没用 소용없다

097 婆媳 pó-xi 고부간

奶: Liángměi lái yíxià!
양미야 좀 오거라!

妈: Shì de, mā!
네. 어머님!

pēng! 쾅!

奶: Zhè shì shénme chá ma!
이게 무슨 차냐?

妈: Duìbuqǐ! Mā……
죄송합니다! 어머님……

miáo 노려본다

dèng 노려본다

达: Bú yào chǎojià ma!
싸우지 말아요!

爸: Shì a! Zhǐ shì yìbēi chá.
그래요! 차 한 잔 가지고.

奶: Wā! Hāhā! Zhēn hǎo wán! Liángměi! Xiàcì zài lái yícì!
와! 하하! 참 재미있다! 양미야! 다음에 한 번 더 하자!

妈: Wā! Hāhā! Mā, nǐ kàn tāmen liǎng ge! Hāhā!
와. 하하! 어머님 저 두 사람 보세요! 하하!

▸瞄 겨누다, 주시하다 ▸吵架 말싸움하다 ▸下次 다음번

098 画的价值 huà de jiàzhí 그림의 가치

画: Zhè shì wǒ de huà.
이것이 저의 그림입니다.

达: Huà de hǎo chà!
너무 못 그렸어!

达: Wèishénme huà de zhème chà ne?
왜 이렇게 못 그렸어요?

妈: Dádá!
다다야!

画: Zhège ma……
그건……

达: Wǒ qù jiào dàjiā lái kàn!
내가 가서 다들 와서 보라고 할게요!
Tāmen yídìng yě zhème rèn-wéi.
걔들도 틀림없이 이렇게 생각할거에요.

妈: Dá- dá!
다다야!

龙: Zhēn de!!
정말이야!

华: Hǎo chà o!
형편없는데!

明: Zhège rén luàn huà yítòng!
이 사람은 완전 엉터리로 그렸어!

华: Jiù shì ma!
그렇다니깨!

▸差 형편없다, 나쁘다 ▸乱 마구, 함부로 ▸一通 한번

배꼽 잡는 유머 · 10 笑话真是逗人 xiàohuà zhēnshì dòu rén

我把椅子拿走了

小明告诉妈妈: “今天客人来家里玩的时候，哥哥放了颗图钉在客人的椅子上，
被我看到了。”
妈妈说: “那你是怎么做的呢?”
小明说: “我在一边站着，等客人刚要坐下来的时候，我把椅子从他后面拿走了。”

wǒ bǎ yǐzi názǒu le

Xiǎomíng gàosu māma: “Jīntiān kèrén lái jiāli wán de shíhou, gēge fàng le kē túdīng zài kèrén de yǐzi shang, bèi wǒ kàn dào le.”
Māma shuō: “Nà nǐ shì zěnme zuò de ne?”
Xiǎomíng shuō: “Wǒ zài yìbiān zhàn zhe, děng kèrén gāng yào zuòxiàlai de shíhou, wǒ bǎ yǐzi cóng tā hòumian ná zǒu le.”

제가 의자를 뺐어요.

소명이 엄마에게 말했다.
“오늘 손님이 집에 놀러올 때, 형이 압정을 손님 의자에 놓는 걸, 제가 봤어요.”
엄마가 말했다. “그럼 너는 어떻게 했니?”
소명이 말했다.
“제가 한쪽에 서 있다가 손님이 앉으려고 할 때, 의자를 뒤로 뺐어요. ”

099

拔箩卜 bá luóbo 무 뽑기

Běidà tuō’érsuǒ 북대 어린이집

Értóng wǔtáijù 아동 무대극

师: Jiēxiàlái shì yóu wǒmen tuō’érsuǒ de xiǎopéngyoumen héyǎn de wǔtáijù ……
계속해서 본 어린이집의 어린이들이 협연한 무대극으로……

Jùmíng jiào「Bá Luóbo」.
연극 제목은「무 뽑기」입니다.

师: Xiǎng jiè cǐ jù de yǎnchū ràng xiǎopéngyoumen tǐhuì tuánjié jiù shì lìliàng zhè jù huà de yìyì.
이 연극의 연출을 통해서 어린이들에게 '단결은 힘이다'라는 말의 참뜻을 체험하게 할 생각입니다.

Értóng wǔtáijù 아동 무대극

师: Xiànzài jìng qǐng mànmàn guānshǎng.
지금 천천히 감상해주십시오.

Pā! Pā! Pā! 짝! 짝! 짝!

达: Wǒ shì tíngyuàn li zhǎngchūlai de dà luóbo.
나는 정원에서 자란 커다란 무입니다.

明: Wǒ shì yéye!
나는 할아버지입니다.

▸ **合演** 합동공연하다 ▸ **拔** 뽑다 ▸ **借** (기회를) 빌어서 ▸ **体会** 체험하다 ▸ **敬请~** 삼가~해주세요
▸ **观赏** 감상하다 ▸ **长出来** 자라다

明: Wā! Bá bù qǐ lái, nǎinai kuài lái!
와! 뽑을 수 없네. 할멈 빨리 와 봐요!

华: Lái le, lái le!
갑니다, 가요!

明: Dàjiā yìqǐ yònglì bá! Hēiyō!
모두 함께 힘차게 뽑아요. 영차!

华: Āiyā!
아얏!

Wūwā! 우앙!

dǎlái-dǎqù 서로 싸운다

师: Xiǎopéngyou kěyǐ xuédào tuánjié búshì yíjiàn róngyì de shì……
어린이들이 단결은 쉬운 일이 아니라는 것을 배울 수 있었습니다…….

▸ **拔不起来** 뽑을 수 없다, 뽑히지 않다 ▸ **件** (일의 양사) 가지, (옷의 양사) 벌

100 甜的诱惑 tián de yòuhuò 달콤한 유혹

pēng! 탁!

妈: Bú yào zài gěi Dádá mǎi dài wánjù de niúnǎitáng!
다시는 다다에게 장난감이 들어있는 밀크 사탕을 사주지 말아요!

爸: Díquè mǎi tài duō le, zhèyàng bù hǎo!
정말이지 너무 많이 샀어. 이건 아니야!

Dàochù dōu shì, yǐhòu bù mǎi le!
온통 장난감이니, 앞으로는 안 산다.

妈: Búshì de.
아니에요.

Wèntí shì wǒ de tǐzhòng.
문제는 제 몸무게예요.

妈: Dádá zhǐyào wánjù yòu bù chī táng, wǒ zěnme shòudeliǎo zhèyàng de yòuhuò……
다다는 장난감만 갖고 사탕은 먹지 않으니, 제가 이 유혹을 참지 못해서……

爸: Yuánlái dōu shì nǐ zài chī!
이제 보니 모두 당신이 먹고 있었군!

dōng! 콕!

▸ **的确** 확실히, 정말로 ▸ **不+동사+了** 더는 ~안 한다 ▸ **受得了** 참을 수 있다

101

忍耐 rěnnài 인내

gūlū gūlū 꾸륵꾸륵

达: Yī, èr, sān, sì……
하나, 둘, 셋, 넷……

huālā! 쏴아!

达: Wǒ kěyǐ qián dào shí!
난 열까지 잠수할 수 있어요!

Bàba ne?
아빠는?

gūlū gūlū 꾸륵꾸륵

gūlū gūlū 꾸륵꾸륵

达: Wèishénme bù rěnnài dào líkāi yùgāng ne!
왜 욕조 밖에 나갈 때까지 참지 못해요!

爸: Duìbuqǐ! Duìbuqǐ!
미안하다! 미안해!

▸ **潜到** ~까지 잠수하다 ▸ **忍耐到** ~참지 못하다 ▸ **离开** 떠나다 ▸ **浴缸** 욕조

102 因祸得福 yīnhuòdéfú 전화위복

师: Lái, dàjiā yìqǐ chī héfàn!
재! 모두 함께 도시락 먹자!

大家: Hǎo! 예!

达: Ā!Wǒ wàng le dài héfàn!
아! 도시락을 잊어먹고 안 가져 왔네!

平: Wǒ gěi nǐ yìdiǎ(n)r!
내가 조금 줄게!

中: Wǒ yě gěi nǐ!
나도 줄게!

华: Wǒ yě shì!
나도!

达: Wā! Xièxie!
와! 고맙다!

大家: Zhēn hǎochī!
참 맛있겠다!

- mǎnmǎn yìduī 하나 가득
- dà kǒu chī 꿀꺽

▸ 盒饭 도시락

103 创口贴 chuāngkǒutiē 밴드

达: Liúxiě le! Chuāngkǒutiē!
피가 나요! 밴드요!

达: Wǒ zìjǐ tiē.
나 혼자 붙일게요.

妈: Hǎo bàng!
대단한데!

达: Chuāngkǒutiē! Chuāngkǒutiē!
밴드요! 밴드!
Yòu yào zìjǐ tiē le.
또 혼자 붙일게요!

妈: Děng yíxià!
잠깐만!

妈: Nà shì zěnme le?
그거 어떻게 된 거니?

达: Liú bíxuè le ya!
코피 났어요!

▸ **创口贴** 밴드 (**创**=**疮** chuāng) ▸ **鼻血** 코피

104 帮忙 bāngmáng 거들기

爸: Āi! Zhēnshì zāng sǐ le!
아이참! 정말 지저분해 죽겠네!
Kě yào dà fèi lìqì le!
거 힘깨나 들겠네!

达: Cāchē hǎo hǎo wán o! Wǒ yào bāngmáng!
세차하는 것 참 재미있겠다! 내가 거들게요!

✪ sī!? 쓰읍!?

✪ huālā huālā 후다닥 후다닥

爸: Hēi! Hǎoxiàng cā de hěn kāixīn!
허! 아주 신나게 닦네!

✪ huālā huālā 후다닥 후다닥

爸: Duìbuqǐ……
미안합니다……

▸**脏** 더럽다 ▸**형용사+死了** ~죽겠다 ▸**费力气** 애쓰다 ▸**擦** 닦다

105 卧铺车 wòpùcchē 침대칸

★ hōnglōng hōnglōng 덜커덕 덜커덕

达: Wǒ yào shuì shàngmiàn!
내가 위에서 잘래!

爸: Shuì xiàpù! Bùrán huì diào xià lai!
아래 침대에서 자! 안 그러면 아래로 떨어질 거야!

达: Bà shuì shàngpù, wǒ zhēn dānxīn.
아빠가 윗칸에서 자면, 걱정된단 말이야.

爸: Bié shǎ le! Bà cái búhuì diào xià lai ne!
바보같이! 아빠는 떨어지지 않을 거야!

爸: Wǒ yě búhuì luàn fānshēn, suǒyǐ hěn ānjìng.
난 몸을 마구 뒤척이지 않기 때문에, 아주 조용해요.
Dádá jǐnguǎn fàngxīn hǎo le!
다다야 하여간 안심해라!

★ pū pū pū pū 뽕 뽕 뽕 뽕

▸ **下铺** 아래 침대칸 ▸ **不然** 그렇지 않으면 ▸ **上铺** 위 침대칸 ▸ **翻身** 몸을 뒤척이다

106 期盼下雪 qīpàn xiàxuě 눈 기다림

达: Zěnme hái bú xiàxuě?
어째서 아직도 눈이 안 내리지?

平: Shì a! Děng hǎojiǔ le.
그래! 오랫동안 기다렸어.

师: Nǐmen liǎ zài gànmá?
너희 둘 뭐하는 거니?
Děng yíhu(i)r xiàxuě hòu jiù huì jīxuě de ya!
이따가 눈 내리면 눈이 쌓일 거야!

师: Bù kěyǐ luàn fā píqì!
함부로 성질부리면 안된다!
Xiàbuxià xuě lǎotiān huì juédìng, ānjìng děng jiù duì le!
눈이 오고 안 오고는 하늘이 결정하는 거니까, 조용히 기다리면 돼!

师: Wèi! Nǐmen nà shì nǎ ménzi qìxiàng yùbào!
이봐요! 당신들 거 무슨 일기예보가 그래요!
Shuō shénme, jīntiān zǎoshàng kāishǐ xiàxuě! Ràng rén bái děng bàntiān!
뭐, 오늘 아침부터 눈 내린다고요! 사람을 이렇게 기다리게 해놓고!

▸ **期盼** 기대하다 ▸ **发脾气** 성질내다 ▸ **老天** 하늘 ▸ **门子** (경멸을 나타내는 양사) ▸ **白+동사** 괜히, 공짜로

107 下雪了 xiàxuě Le 눈이다

达: Wā! Xiàxuě le!
왜! 눈이다!

中: Duì le! Lái duī ge xuěrén!
그렇지! 눈사람 만들어야지!

华: Jīxuě hòu lái dǎ xuězhàng!
눈이 쌓이면 눈싸움 하자!

达: Xūyào wǎn!
그릇이 필요해!

平: Duì!
그래!

达: Wèi! Xiǎo Píng, fàng zhèr hǎo ma?
야! 샤오핑아, 여기에 놓을까?

平: Wā! Hǎo liáng!
왜! 아주 시원하다!

达: Jī hǎo duō o!
많이 쌓였네!

▸ **堆** 쌓다 ▸ **打雪仗** 눈싸움하다 ▸ **需要** ~을 필요로 하다 ▸ **冰** 차다, 얼음

배꼽 잡는 유머 · 11 笑话真是逗人 xiàohuà zhēnshì dòu rén

狗也知道这个谚语吗?

一个小男孩非常不喜欢狗狂叫的样子。
“没有关系，” 一位先生说: “不用害怕，你知道这条谚语吗?: 吠狗不咬人。”
“啊，我是知道，可是狗也知道吗?”

gǒu yě zhīdao zhège yànyǔ ma?

Yíge xiǎo nánhái fēicháng bù xǐhuan gǒu kuángjiào de yàngzi.
“Méiyǒu guānxi,” Yíwèi xiānsheng shuō: “Búyòng hàipà, nǐ zhīdao zhètiáo yànyǔ ma?: Fèi gǒu bù yǎo rén.”
“Ā, wǒ shì zhīdao, kěshì gǒu yě zhīdao ma?”

개도 이 속담을 알까요?

한 남자아이는 개가 짖어대는 걸 매우 싫어했다.
“괜찮아.” 하고 한 남자가 말했다.
“무서워할 필요 없어. 너 이 속담 알고 있지? 짖는 개는 사람을 물지 않는다고.”
“앗, 알아요, 하지만 개도 알까요?”

108 堆雪人 duī xuěrén 눈사람 만들기

大家: Hēi! Yō! 영! 차!

大家: Hēi! Yō! 영! 차!

达: Xuěrén duī hǎo le!
눈사람 다 만들었다!

华: Lǎoshī, nǐ cāi tā shì nán shì nǚ?
선생님, 남자인지 여자인지 맞춰보세요?

师: Shì nǚ de!
여자인데!

达: Nǚ de……
여자……

华: Hái méi wánchéng! Děi zài jiā diǎn!
아직 미완성이야! 좀 더 붙여야 돼!

大家: Hēi! Yō! 영! 차!

华: Zhèyàng jiù duì le!
이 정도면 되겠다!

师: Yuánlái rúcǐ!
뭐하나 했더니!

▸ 它 (사물지시) 그것 ▸ 加 더하다, 추가하다

109 再等一下 zài děng yíxià 좀 더 기다려

爸: Yí?
어!?
Nǐ xiàshuǐ la?
너 잠수했니?

达: Èn-
응-

爸: Búshì cái kāishǐ xǐtóu de ma?
방금 머리감지 않았니?

达: Èn-
응-

pūtōng! 풍덩!

爸: Tóu xǐ gānjìng le ma?
머리는 깨끗이 씻었니?

达: Èn-
응-

Huālā! 쏴아!

爸: Bǎ xǐfàshuǐ xǐdiàole méiyǒu?
샴푸를 깨끗이 씻겨냈니?

达: Zài děng yíxià jiù wánquán xǐdiào le!
조금만 더 있으면 완전히 씻겨져요!

- **下水** 물에 들어가다 ▸ **才** 방금 ▸ **洗发水** 샴푸 ▸ **洗掉** 말끔히 씻어내다
- **동사+了没有?** ~했느냐? (= 동사+了吗?)

110

轮流 lúnliú 교대로

达: Wǒmen lúnliú zuò hǎobuhǎo?
우리 교대로 타자?

平: Èn!
응!

达: Wǒ xiān lái.
나 먼저 탈게.
Ránhòu zài lái shì Xiǎo Píng.
그 다음은 이어서 샤오핑.

gādā gādā 덜커덕 덜커덕

达: Hǎo le, dào zhèli wéizhǐ.
됐어, 여기까지.
Gāi lúndào wǒ le!
다음은 내 차례야!

gādā gādā 덜커덕 덜커덕

平: Wǒmen huàn shùnxù hǎo ma?
우리 순서 바꿀까?

达: Bú yào!
싫어!

▸轮流 교대로 하다 ▸到~为止 wéizhǐ ~까지이다 ▸该~了 le ~차례이다, ~때이다

111

撒谎 sāhuǎng 거짓말

爸: Jīntiān yào xǐtóu o!
오늘은 머리 감아야 한다!

达: Zuótiān cái xǐ guò a!
어저께 감았는데!

爸: Húshuō! Zuótiān zhǐyǒu bàba xǐ le, Dádá cái méi xǐ ne!
헛소리! 어제는 아빠만 씻었고, 다다는 씻지 않았어!

达: Shéi shuō de, wǒ xǐ le!
누가 그래요, 난 씻었는데!

爸: Nà wèn māma hǎo le, kàn shéi shuōhuǎng!
그럼 엄마한테 누가 거짓말하는지 물어보면 되겠네!

达: Èn-
네–

妈: Zuótiān!?
어제요!?
Zuótiān méi shāo xǐzǎoshuǐ a!
어제는 목욕물 데운 적이 없는데!

爸: Tiān na!
맙소사!

▸ **撒谎** 거짓말하다 (=说谎) ▸ **只有** 오직 ~만 ▸ **烧** 끓이다, 태우다 ▸ **洗澡水** 목욕물

112 踩气球 cǎi qìqiú 풍선 터트리기

师: Wǒmen lái wán cǎi qìqiú, kàn shéi cǎipò de zuì duō!
우리 풍선 터트리기 놀이해요. 누가 제일 많이 터뜨리는지 볼까!

Zhǔnbèi hǎo le ma?
준비됐나요?

师: Kāishǐ!
시작!

Wā! 와!

Wā! 와!

达: Hēi! 에잇!

平: Ā- 앗-

师: Èn- Wēilì shízú, zhècì yùndònghuì yídìng yào ānpái zhège xiàngmu.
음- 파워가 대단한데, 이번 운동회에 이 종목을 꼭 집어넣어야지.

达: Wā! 와아!

平: Jiùmìng a!
사람 살려!

华: Āiyā!
아이쿠!

▸ **十足** 충분히, 족히 ▸ **安排** 짜다, 준비하다, 처리하다 ▸ **项目** 종목, 항목

113 牙膏 yágāo 치약

xiū- 휙~

达: Shā a!
죽어라!

爸: Wā! Yídàzǎo jiù zhème jīngshen.
와! 이른 아침부터 힘이 넘치는구나.

达: Shā!
죽어라!

shuā shuā 쓱쓱~

爸: Zài jǐ yícì gěi nǐ.
한 번 더 짜줄게.
Bù xǐhuan shuāyá jiù gùyì shuǎidiào, shì ma?
이빨 닦기 싫어서 일부러 떨어뜨렸지, 그렇지?

jiū 주욱

▸ **精神** 활기차다, 생기발랄하다 ▸ **挤** (치약을) 짜다 ▸ **甩掉** 흔들어떨어뜨리다

114

来捉我 lái zhuō wǒ 날 잡아봐라

达: Lái a! Lái a! Wǒ zài zhèr.
잡아봐라! 잡아봐라! 나 여기있다!

达: Lái a! Lái a!
잡아봐라! 잡아봐라!

达: Nǐ zài gànmá?
아빠 뭐하는 거야?
Kuài lái a!
어서요!

爸: Bèndàn! Zěnme pádào nà shàngmian qù?
바보야! 어쩌다 그 위에 올라갔어?
Tài rùmí le ba!
정신을 어디에 두는 거니!

达: Shì……
응……

▸捉 붙잡다 ▸爬到+장소+去qù ~로 기어올라가다 ▸入迷 정신이 팔리다

115

跟屁虫 gēnpìchóng 찰거머리

爸: Wèi! Guàngjiē qù ba.
여보! 시내 구경 가자.

chán de jǐnjǐn de 찰싹 달라붙는다

xīxī 히히

chán de jǐnjǐn de 찰싹 달라붙는다

爸: Gēnpìchóng yíge!
찰거머리 한 마리!

妈: Dàgài tài xǐhuan nǐ le ba!
아마 당신을 무척 좋아하나봐요.

爸: Ā! Qiánbāo wàng le dài!
앗! 지갑 가져오는 걸 깜박했네.

妈: Méi guānxi, wǒ yǒu!
괜찮아요, 제가 있잖아요.

jiànfēngshǐduò 잽싸게 이동

▸ **逛街** 시내구경가다 ▸ **紧紧的** 바짝 ▸ **见风使舵** 상황을 봐가며 일처리하다

116 剖开西瓜 pōukāi xīguā 수박 쪼개기

pēng! 펑!

妈: Duìbuqǐ! Nòngcuò le, wǒmen de hái méi pò, bǎ zhège huángěi nǐmen hǎo le. Bàoqiàn!
미안합니다. 실수했네요. 우리 것은 아직 괜찮으니, 이걸 드리면 되겠네요. 죄송합니다.

▸**剖开** 쪼개다 ▸**弄错** (손동작) 실수하다 ▸**破** 쪼개다, 깨뜨리다 ▸**还给** 돌려주다

117 放炮 fàngpào 폭죽놀이

cā! 착!

爸: Zhè chōngtiānpào shì sānduànshì de.
이 하늘로 솟구치는 폭죽은 삼단식이야.

Jì piàoliang yòu zhuàngguān.
아름답고 장관이지.

xū- 쉬익-

爸: Yǒudiǎ(n)r wēixiǎn, shǎnkāi diǎ(n)r!
약간 위험하니까, 좀 피해있어!

爸: Hāhā! Búyòng pǎo de nàme yuǎn ma!
하하! 그렇게까지 멀리 갈건 없어!

xiū- 시익-

爸: Bú yàojǐn de!
괜찮다니까!

Zhēnshì yìqún dǎnxiǎoguǐ!
정말이지 겁쟁이들이군!

▸ **冲天** 하늘 높이 치솟다 ▸ **炮** 폭죽 ▸ **既~又~** ~이기도하고 ~이기도하다 ▸ **闪开** 피하다 ▸ **群** 무리, 떼
▸ **胆小鬼** 겁쟁이

배꼽 잡는 유머 · 12 笑话真是逗人 xiàohuà zhēnshì dòu rén

妈妈有爱

“妈妈，你不爱我。”
“傻孩子，妈妈不爱你爱谁啊？你们两个妈妈都爱。”
“那你为什么给弟弟生个哥哥，却不给我生个哥哥。”

māma yǒu ài

“Māma, nǐ bú ài wǒ.”
“Shǎháizi, māma bú ài nǐ ài shéi a? Nǐmen liǎng ge māma dōu ài.”
“Nà nǐ wèishénme gěi dìdi shēng ge gēge, què bù gěi wǒ shēng ge gēge.”

엄마의 사랑

“엄만, 날 사랑하지 않아.”
“바보, 엄마가 널 사랑하지 않으면 누굴 사랑해? 너희 둘 다 사랑한단다.”
“그럼 엄만 왜 동생한테 형을 낳아주면서, 나한테는 형을 안 낳아줘요.”

118 兴奋过度 xīngfèn guòdù 흥분 과다

爸: Míngtiān yào yuǎnzú, nàme xīngfèn ma?
내일 소풍가려니, 그렇게 흥분되니?

爸: Yǎnzhōng shǎnshuò zhe guānghuī……
눈엔 광채가 나고……
Gāoxìng de shuìbuzháo.
기분 좋아서 잠은 안 오고.

达: Cái méi zhè huí shì!
그런 일 없어요.

爸: Nǐ bù kěnéng shuìdezháo! Kuài qǐchuáng!
넌 잠 들 수 없을 거야! 어서 일어나!

达: Shéi shuō wǒ shuìbuzháo, wǒ zhèng xiǎng shuì!
누구 잠 안온다고 그래요. 막 잠들려는데.

爸: Xiǎng kuàidiǎ(n)r shuì ràng míngtiān zǎodiǎ(n)r dào, kěshì ……
빨리 잠들어서 내일이 빨리 왔으면 하겠지만 ……
Xiànzài hái shì zǎoshàng, kuài qǐlai!
지금은 아침이니까. 어서 일어나!

▸**过度** 지나치다 ▸**闪烁** 번쩍이다 ▸**这回事** 그런 일 ▸**睡不着** 잠이 안 오다 ▸**睡得着** 잠들다

119 伪装 wěizhuāng 위장

爸: Nǐ zhè shēn dǎbàn gàn má?
너 몸에 치장이 뭐니?

达: Wǒ shì cǎocóng!
난 풀숲이야!

达: Wǒ shì cǎocóng o!
난 풀숲이라고!

爸: Ō! Nǐ shì cǎocóng o!
오! 네가 풀숲이라고!

达: Wǒ yào xiǎochóng bùzhībùjué kàojìn wǒ, ránhòu tūrán zhuōzhù tā!
난 곤충을 몰래 유도한 다음에 습격해서 잡을 거야!

爸: Èn- Yuèláiyuè cōngming le.
음- 갈수록 총명해지는구나.

xū 쉬

▸ 打扮 치장하다 ▸ 靠近 접근하다 ▸ 越来越+형용사 갈수록, 점점

120 蚱蜢 zhàměng 메뚜기

达: Wā! Zhàměng!
왜! 메뚜기다!

达: Wèi! Yǒu zhàměng ya!
야! 메뚜기 있다!

明: Zhēn de ma!?
정말이야!?

师: Shàng nǎr qù?
어딜 가는 거야?

Kuài huílai!
어서 돌아와!

121

色狼 sèláng 색마

达: Nǎinǎi!
찌찌!

平: Nǎinǎi!
찌찌!

dōng! 턱!

达: Nǎinǎi!
찌찌!

平: Nǎinǎi!
찌찌!

师: Bù zhīdao yòu kàn le shénme diànshì jiémù!?
또 무슨 TV프로를 봤나?

pēng! 탁!

hēng! 흥!

师: Wǒ yào zhìzhǐ értóng duì xìng de bùliáng xìngqù!
아동의 성에 대한 불량스런 흥미를 막아야 해!
Wèi le wèilái de zhǔrénwēng! Mínzú de yòumiáo!
미래의 주인공을 위해! 민족의 새싹을 위해!

达: Nǐ kàn! Rǔniú de nǎinǎi!
이것 봐! 젖소 찌찌다!

华: Wā! Dàjiā dōu yǒu nǎinǎi!
와! 모두 다 찌찌가 있구나!

真: Bùkěsīyì.
불가사의하다.

师: Jìngrán rúcǐ dānchún!
결국 이런 단순함이었군!

▸ **节目** (방송) 프로 ▸ **为了** ~을 위하여 ▸ **幼苗** 새싹 ▸ **乳牛** 젖소 ▸ **竟然** 뜻밖에, 마침내

122 打扫房间 dǎsǎo fángjiān 방 청소

- pēng! 딱!

- pēng! pēng! 따! 닥!
- qiāng! 캥!
- pīngpāng pīngpāng! 피앙 피앙!

- pēng! 퍽!
- pū! pū! 퓩! 퓩!
- pēng! 퍽!

妈: Wā! Shōushí de hǎo gānjìng!
왜! 아주 깨끗하게 정리했구나!

达: Zhège jiǎndān ma!
이 정도 쯤이야!

- gū- 데굴~

▸ **打扫** 청소하다 ▸ **收拾** 정리하다, 치우다 ▸ **干净** 깨끗하다

123 亲热 qīnrè 사랑하다

- Luómì' ōu! 로미오!
- Zhūlìyè! 줄리엣!

达: Tāmen zài gàn má?
저 사람들 뭐하고 있는 거예요?

爸: Zài qīnrè a!
사랑하고 있는 거야!

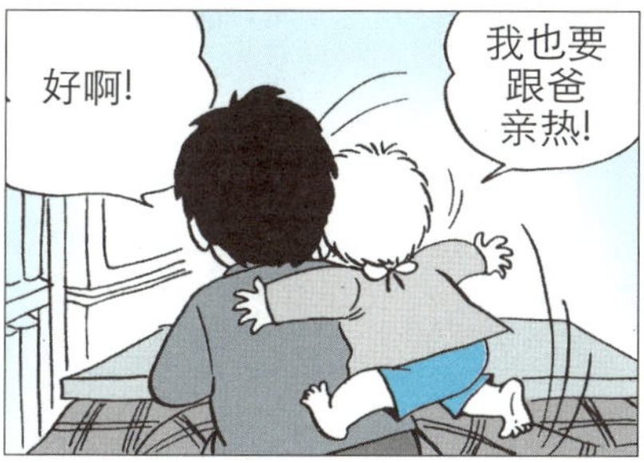

达: Wǒ yě yào gēn bà qīnrè!
나도 아빠와 사랑해야지!

爸: Hǎo a!
좋지!

妈: Jīntiān chī de hǎo gānjìng!
오늘은 참 깨끗하게 먹었네!

达: Wǒ gēn bà qīnrè le, suǒyǐ……
내가 아빠와 사랑해서, 그래서……

▸ **亲热** 연애하다 ▸ **所以** 그래서

124 肮脏的鞋子 āngzangde xiézi 더러운 신발

妈: Wā! Nòng de zāngxīxī de.
왜! 지저분해졌네.

妈: Dádá! Bié lǎo chuān tóng yìshuāng xié, nòng de zāng sǐ le!
다다야! 같은 신발만 계속 신지 마라. 말도 못하게 더럽혀졌구나!

达: Wǒ méi chuān tóng yìshuāng xié a!
전 같은 신발 신지 않았어요!

妈: Nàme…… Zhè shì shénme?
그럼……이건 뭐지?

妈: Wā! Zhè shì shénme?
왜! 이건 뭐냐구?

达: Dǒng le ba!? Nà shì wàzi!
알았잖아요!? 그건 양말이에요!

✪ pēng! 탁!

▸**肮脏** 지저분하다 ▸**弄得** ~하게하다 ▸**脏兮兮的** 더럽다, 지저분하다

125 自栽萝卜 zì zāi luóbo 손수 무 재배

妈: Wā!Zhōngyú dào le shōuhuò de shíhou le!
와! 마침내 수확할 때가 왔네!
Wǒmen jiā de càiyuán chéngguǒ rúhé?
우리 집 채소밭의 수확은 어떨까?

妈: Juéduì bù hán nóngyào, ānxīn chī!
절대 농약은 들어있지 않으니 안심하고 들어요!
Chǎndì zhíxiāo yídìng xīnxiān!
산지 직매라 틀림없이 신선할 거야!

妈: Yídìng hǎochī!
틀림없이 맛있을 거야!
Jiāyóu! Yí!
힘내! 어!

爸: Yèzi kànqǐlai hěn hǎochī de yàngzi.
잎을 보면 맛있어 보였는데.

达: Yíxià jiù báqǐlai le.
단번에 뽑히잖아.

妈: Shì a……
그러게……

▸**菜园** 채소밭 ▸**成果** 수확, 결실 ▸**含** 포함[함유]하다 ▸**直销** 직접 판매하다 ▸**看起来** 보아하니 ~같다
▸**拔起来** (위로) 뽑다

126 潜水镜 qiánshuǐjìng 물안경

Hū- Pū! 후– 푸!

达: Bà! Jiè wǒ, jiè wǒ!
아빠! 빌려줘요, 빌려줘요!

爸: Hǎo!
좋아!

达: Bízi bù néng xīqì!
코로 숨을 쉬면 안돼!

爸: Yòng zuǐ a!
입으로 해!

达: Yòng zuǐ yě xībúdào qì a!
입으로도 숨을 쉴 수가 없어요!

爸: Kuài ná xiàlai!!
빨리 벗어!

▸ **吸气** 숨을 쉬다 ▸ **吸不到气** 숨을 쉴 수 없다 ▸ **拿下来** (모자 등) 벗다

127 耳屎 ěrshǐ 귓밥

妈: Ā! Bùxǔ dòng!
어! 움직이면 안돼!
Hǎobùróngyì wāchūlai yòu diàojìnqu le, hǎo dà yíkuài ya!
힘들게 파냈는데 또 들어가버렸네. 아주 큰 거였는데!

✪ Hū- Hū- 쿨 쿨
妈: Zhèyàng jiù huì diào chūlai le.
그렇게 하면 밖으로 나오겠구나.
✪ dōng! dōng! 쿵! 쿵!

✪ pūtōng! 또르륵
达: Wā! Chūlai le!
와! 나왔다!
Wǒ de ěrshǐ.
내 귓밥.

爸: Jiào wǒ zhāngkāi zuǐ dānjiǎo tiào?
입을 벌리고 한 발로 뛰라고?
Zhè shì shénme yìsi!?
이게 뭐하는 거냐!?
✪ dōng! dōng! 쿵! 쿵!

▸ **不许+动사** ~해서는 안된다 ▸ **好不容易** 간신히, 가까스로 ▸ **挖出来** 파내다 ▸ **掉进去** 떨어져들어가다
▸ **单脚** 한발

배꼽 잡는 유머 · 13 笑话真是逗人 xiàohuà zhēnshì dòu rén

我想要一只狗

安娜的妈妈又怀孕了，她问安娜:“你希望妈妈再给你带来个弟弟呢，还是妹妹?”
安娜想了想说:“我只想要一只小狗。”

wǒ xiǎngyào yīzhī gǒu

Ānnà de māma yòu huáiyùn le, tā wèn Ānnà: “Nǐ xīwàng māma zài gěi nǐ dàilái ge dìdi ne, hái shì mèimei?”
Ānnà xiǎnglexiǎng shuō: “Wǒ zhǐ xiǎngyào yìzhī xiǎo gǒu.”

개 한 마리를 원해요.

안나 엄마가 또 임신했다. 엄마가 안나에게 물었다.
“엄마가 남동생을 데려다줄까? 여동생을 데려다줄까?”
안나가 잠깐 생각하더니 말했다. “난 개 한 마리만 원해요.”

128 失去魅力 shīqù mèilì 매력 상실

pāi pāi 팍 팍

爸: Wèi!
애!
Bù hǎohǎo xǐliǎn de huà, nǚshēng dōu huì bù xǐhuan nǐ o!
얼굴을 잘 씻지 않으면, 여학생들이 안 좋아 할 거야!

达: Wǒ zuì tǎoyàn nǚshēng le! Bù xǐhuan!
난 여학생이 제일 싫어! 싫어!

达: Nǚshēng zuì huài la!
여학생이 가장 나빴어!

爸: Zhēn bùzhī tā zài xiǎng xiē shénme!?
쟤가 무슨 생각하고 있는 건지 정말 모르겠네!?

pīnmìng xǐ, cālái-cāqù
악착같이 구석구석 씻는다

爸: Guǒrán háishì……
그럼 그렇지……

▸ **好好** 잘, 열심히, 푹 ▸ **~的话** ~한다면 ▸ **讨厌** 싫다, 혐오하다 ▸ **拼命** 필사적으로 ▸ **果然** 과연~구나!

129

换门纸 huàn ménzhǐ 문종이 바꿔 붙이기

☆ fúfutiētiē 조심 조심

达: Wǒ yě yào tiē, měicì zhǐyǒu bà kěyǐ tiē, bù gōngpíng!
나도 붙일게요. 매번 아빠만 붙이는 건 불공평해요!

爸: Zhè duì nǐ lái shuō tài nán le.
이건 너한테는 너무 어려운 거야.

达: Cáibúshì ne! Wǒ tiē de bǐ nǐ hǎo!
그렇지 않아요! 내가 아빠보다 잘 붙여요.

达: Nǐ kàn!
봐요!

☆ shā shā shā! 삭 삭 삭!

爸: Wā! Zhème kuài jiù hǎo le.
와! 그렇게 빠르면 되겠다.

达: Kàn! Wǒ yíxià jiù tiēhǎo zhème duō!
봐요! 내가 단번에 이렇게 많이 다 붙였잖아요!

▸ **服服贴贴** 고분고분하다 ▸ **对~来说** ~의 입장에서 보면 ▸ **这么** 이렇게 ▸ **贴好** 잘[다] 붙이다

130 除夕夜 chúxīyè 섣달 그믐날 밤

爸: Míngnián jiù yào dào le!
벌써 내년이구나!

妈: Jīnnián guò de hǎo kuài!
올해는 무척 빠르게 지나갔어요!

爸: Dádá, míngnián jiù shì zhūnián le.
다다야, 내년이 돼지해다.

妈: Zhōng qiāo shí'èr xià hòu, jiù cóng gǒu biànchéng zhū le.
종이 열두 번 치면, 개에서 돼지로 바뀐단다.

妈: Nàme jí shàng nǎr qù?
그렇게 급히 어딜 가니?

爸: Yào niàoniào ma?
오줌 누려고?

- Xiǎo Bái 흰둥이
- jǐnzhāng 긴장

▸**就要~了** (임박) 곧~하다 ▸**敲** 치다, 노크하다 ▸**下** (양사) 번 ▸**变成** ~로 변하다
▸**上+장소+去** ~에 가다

131 流泪 liúlèi 눈물

爸: Ò! Kàn diànshì gǎndòng de liúlèi……
어라! TV 보다 감동해서 눈물을 흘리네……

爸: Píngrì zhǐ ài kàn kēhuànpiàn hé xǐjù……
평소에는 공상과학물이나 희극만 보더니……
Méi xiǎngdào hái mán gǎnxìng de ma!
뜻밖에 아주 감성적인 걸!

达: Bà! Wèishénme wǒ yìdiǎ(n)r yě bù juéde nánguò què yìzhí diào lèi ne?
아빠! 왜 나는 조금도 슬프지 않은데 계속 눈물을 흘리죠?

爸: Diànshì kàn tàijiǔ, yǎnjing píláo la!
TV를 너무 오래 보니까, 눈이 피로하잖아!
Kuàidiǎn bǎ diànshì guāndiào!
빨리 TV 꺼!

▸ **没想到** 뜻밖에 ▸ **一点儿也~** 하나도~ ▸ **难过** 슬프다 ▸ **一直** 계속해서, 쭉 ▸ **掉泪** 눈물을 흘리다

132 过度保护 guòdù bǎohù 과잉보호

妈: Nǐ jiūjìng xiǎng zěnyàng?
당신 대관절 어쩌자는 거예요?

妈: Zài zěnme lěng yě méi rén chuān zhème duō a!
아무리 추워도 이렇게 옷을 많이 입히는 사람이 어디 있어요!

爸: Shì-
그래-

▸ **过度** 지나치다 ▸ **究竟** 도대체 ▸ **怎样** 어떠냐? = **怎么样** zěnmeyàng ▸ **怎么~也** yě 아무리~도

133 跟屁虫 gēnpìchóng 찰거머리

妈: Dádá bié lǎo chán zhe bàba!
다다야 아빠한테 그만 치근덕거려라!

Zhēn tǎoyàn!
정말 싫다!

爸: Shì a! Tài nián rén le!
그래! 너무 그러는구나!

妈: Ǒu' ěr yě chán zhe mā yíxià ma!
가끔은 엄마한테도 좀 치근덕거려봐!

hūndǎo! 졸도!

▸ **缠** 치근덕거리다, 들러붙다 ▸ **黏** 진득진득 붙다 ▸ **偶尔** 가끔은, 간혹

134

借口 jièkǒu 핑계

达: Bà! Kàn yíxià wǒ de tóu hǎo ma?
아빠! 내 머리 좀 봐줄래요?

爸: Zěnme le?
왜 그러니?

达: Jīntiān zài tuō'érsuǒ diē le yì jiāo, zhǒng le hǎo dà de bāo!
오늘 어린이집에서 넘어져서, 아주 큰 혹이 생겼어요!

爸: Bú yàojǐn ba!
괜찮을 거야!

达: Téngsǐ le!
아휴 아파 죽겠어요!

妈: Bié dānxīn!
걱정 말아라!

妈: Tā pīnmìng zài zhìzào jièkǒu.
쟤는 지금 기를 쓰고 핑계거리를 만드는 중이에요.

达: Zhīdao ma? Tóutòng shì bù néng xǐ tóu de, zhīdao ma?
아세요? 머리가 아프면 머리를 감을 수 없는 거, 아시냐고요?

▸ **跌了一跤** (미끄러져) 넘어졌다 ▸ **肿** (살이) 붓다 ▸ **包** ① 혹, 종기 ② 가방 ▸ **制造** (없는 말을)만들다

135 争论 zhēnglùn 논쟁

达: Zuótiān wǒ qù shuǐzúguǎn le!
어제 너 수족관 갔었다!

平: Nà kàn dào hóuzi le ba!
그럼 원숭이 봤겠네!

达: Shuǐzúguǎn zěnme huì yǒu hóuzi ma!
수족관에 어떻게 원숭이가 있겠니!

平: Yǒu! Wǒ qù de shíhou, yǒu!
있어! 내가 갔을 땐 있었어!

达: Shuǐzúguǎn yòu búshì dòngwùyuán, bèndàn!
수족관은 동물원도 아니잖아, 멍청아!

平: Méi nà huí shì! Bú xìn nǐ qù kàn a!
그럴 리 없어! 못 믿겠으면 가서봐!

男: Xièxie guānglín!
와주셔서 감사합니다!

shuǐzúguǎn 수족관

▸ 光临 왕림하다

136 毛线帽 máoxiànmào 털실모자

妈: Xiān zhī bàba de màozi.
먼저 아빠 모자를 뜨고.

妈: Ránhòu shì Dádá de!
다음은 다다 것!

达: Wā!
와아!

妈: Māma de zuìhòu cái……
엄마 것은 제일 마지막에……

妈: Wā! Yuè zhī yuè hǎokàn!
왜! 뜰수록 예쁘네!

▸ **织** 뜨다, 짜다 ▸ **然后** 그런 다음에 ▸ **越~越~** ~하면 할수록~하다

137 打怪兽 dǎ guàishòu 마귀 때려잡기

pūlóng! pūlóng! 뽕! 뽕!

爸: Wā! Hǎo lìhài!
왜! 아주 대단한데!

妈: Měitiān duànliàn, dāngrán bàng!
매일 연습하는데, 당연히 잘하지!

Hāhā! 하하!

妈: Wèi! Qǐchuáng la!
얘! 일어나!
Kuài qǐlai!
어서 일어나!

妈: Wèi! Ā! Zài nàbiān!
얘! 앗! 저쪽이네!
Kàn nǐ wǎng nǎr pǎo!
어디로 가는지 봤지!

jiū- 찍-

▸**打击** 때려잡다 ▸**厉害** 대단하다, 심하다 ▸**锻炼** 단련하다, 운동하다

138 大一号 dà yīhào 한 치수 큰 것

爸: Tài dà le ba!
너무 큰 것 같은데!

妈: Méi zhè huí shì!
그럴 리 없어요!

妈: Xiǎo háizi yíxiàzi jiù zhǎngdà le ma!
애들은 금방 크잖아요.
Dà yíhào lǐmian cái néng duō chuān yìxiē.
한 치수가 커야 안에 많이 좀 끼워 입을 수 있어요.

妈: Érqiě kěyǐ liǎng、sān nián dōu búyòng zài mǎi, duō shěngqián a!
그리고 2,3년 동안은 또 살 필요가 없으니까, 돈도 절약할 수 있다고요.

xiū! 휙

爸: Chuīpǎo la!
바람에 날아간다!

- 号 ① ~호, 치수 ② ~일 ③ ~번
- 一下子 단번에
- 长大 자라다, 성장하다
- 省钱 돈을 절약하다
- 吹跑 (바람에) 날아가다

139 剪头发 jiǎn tóufà 머리깎기

爸: Bùxǔ dòng!
움직이지 마!

达: Mā! Kuài lái a! Bà yòu zài jiǎn tóufà le!
엄마! 빨리 와요! 아빠가 또 머리 깎고 있어요!

kāchā! 싹둑!

xīnjīngròutiào 두근두근

爸: Búbì dānxīn!
걱정할 필요 없어!
Bàba jiǎn de bǐ māma hǎo!
아빠가 엄마보다 잘 깎아!

爸: Nǐ kàn! Jīntiān búcuò ba!
봐라! 오늘은 괜찮지!
Shàngcì shì bù xiǎoxīn!
지난번은 실수였어!

xīnjīngròutiào 두근두근

kā! 싹!

爸: Wā!
으악!

达: Mā! Bà yòu jiǎndào shǒuzhǐtou la!
엄마! 아빠가 또 손가락을 잘랐어요!

▸ **心惊肉跳** (두려움에) 두근두근하다 ▸ **不必+동사** ~할 필요없다 ▸ **剪到了** 잘랐다

140 寂寞难耐 jìmò nánnài 외로운 건 싫어

达: Yìqǐ shuì ma!
함께 자요!

妈: Bùxíng! Nǐ yíge rén shuì!
안돼! 너 혼자 자!

达: Rénjia yíge rén huì hàipà ma!
사람이 혼자 있으면 무섭단 말이야!

妈: Bùguǎn!
나 몰라!

达: Nà wǒ zhǐhǎo jiào xiē péngyou lái péi wǒ shuì le.
그럼 할 수 없이 친구들을 불러다가 같이 자야지.

妈: Yí!?
어랍쇼!?

▸ **不甘** 싫어하다, 달가워하지 않다 ▸ **寂寞** 외롭다 ▸ **害怕** 두렵다 ▸ **只好** 할 수 없이

141 春眠不觉晓 chūnmián bùjué xiǎo 춘곤은 소리 없이

爸: Wā' ā-
아함!
Hǎo kùn o!
아휴 졸려!

达: Bà! Hǎohao qí, hěn wēixiǎn de!
아빠! 운전 잘해요. 아주 위험하니까!

爸: Méi guānxi! bú yàojǐn de.
괜찮아! 괜찮아.

妈: Wēixiǎn!
위험해!
Xiǎoxīn qí a!
조심해서 운전해요!

爸: Búshì shuō bú yàojǐn le ma?
괜찮다고 하지 않았니?

妈: Shéi shuō de?
누가 그래요?

Hū- 쿨~

Ā- Hū- 아~ 쿨~

▸ **春眠** 춘곤 ▸ **晓** 알다 ▸ **困** 졸리다 ▸ **骑** (자전거) 몰다 ▸ **小心** 조심하다

省钱了

"爸爸，你可以省钱了!"
"省什么钱? 孩子。"
"今年你不用再花钱给我买课本了。"
"为什么?"
"我已经留级了。"

shěngqián le

"Bàba, nǐ kěyǐ shěngqián le!"
"Shěng shénme qián? Háizi."
"Jīnnián nǐ búyòng zài huāqián gěi wǒ mǎi kèběn le."
"Wèishénme?"
"Wǒ yǐjīng liújí le."

돈 절약했어요.

"아빠, 돈 절약하셨어요."
"무슨 돈을 절약했니? 얘야."
"올해 돈 들여서 교과서 사줄 필요 없어요."
"왜지?"
"유급했거든요."

142

大箱子 dàxiāngzi 큰 상자

爸: Wèi! Hǎo zāng de dà xiāngzi o!
여보! 엄청 더러운 큰 상자네!
Zěnme bǎi zài zhèli ne?
어째서 여기다 놓았지?

妈: Hǎo qíguài? Búshì yǐjīng diūdiào le ma?
참 이상한데? 벌써 내버리지 않았나?
Dāi hu(ì)r wǒ náqù diū!
이따가 갖다 버릴게요!

爸: Zhēn míhu!
정말 정신없군!

爸: Yí!? Zěnme yòu bǎi zài zhuōzi shàng?
어!? 어째서 또 책상 위에 놓여 있지?

爸: Wèi! Nǐ bǎ shì zuò hǎo, hǎo ma?
여보! 당신 일을 좀 제대로 하세요?
Zěnme xiàng dé le jiànwàng de rén shì de!
건망증 걸린 사람처럼!

- **摆在+장소** ~에 벌려놓다 ▸ **丢掉了** 내버렸다 ▸ **迷糊** 정신없다 ▸ **做好** 잘[제대로] 하라
- **健忘** 잘 잊어버리다 ▸ **(好)像~似的** 마치~같다

143 玩具熊 wánjùxióng 장난감 곰

★ kěrán Lājī 가연성 쓰레기

达: Wèishénme bǎ wǒ de xióng diūdiào ne?
왜 내 곰을 버렸어요?

爸: Duìbuqǐ, duìbuqǐ!
미안, 미안해!
Wǒ kàn tā yǐjīng pòpòlànlàn le, suǒyǐ……
그게 다 너덜너덜 해져서,그래서……

达: Zhè shì wǒ zuì yàohǎo de péngyou!
이게 나와 가장 친한 친구인데!

爸: Zhēn xiǎng kànkan tā zěnme àihù tā de wánjù!
쟤가 어떻게 자기 장난감을 소중히 하는지 정말 보고 싶네!

妈: Hǎo hǎo wán! Zhè xiǎozi jìngrán huì ài wán wánjùxióng?
참 재미있네! 저 녀석이 도대체 곰인형을 갖고 놀기 좋아나 할까요?

达: Wā- Hāhāhā- Rènshū le ba! Háishì wǒ hǔ miànjù bǐjiào lìhài!
와– 하하하! 항복해라! 역시 내 호랑이 가면이 더 세지!

★ pūtōng! 쾨당!

★ dōng! dōng! 탁! 탁!

爸: Yuánlái rúcǐ
그럼 그렇지.

▸ **破破烂烂** 너덜너덜하다 ▸ **爱护** 소중히 하다 ▸ **竟然** 뜻밖에 ▸ **认输** 패배를 인정하다
▸ **虎面具** 호랑이 가면

144 小孩专用厕所 xiǎohái zhuānyòng cèsuǒ 어린이 전용화장실

华: Lǎoshī, Dádá kǎ zài mǎtǒng lǐ le!
선생님, 다다가 변기에 끼였어요!

华: Kuài! Kuài! Huì sǐ rén de!
빨리요! 빨리! 사람 죽어요!

师: Tài kuāzhāng le ba! Bú yàojǐn de.
뻥이 세구나! 괜찮아.

xīngxīngbān 별반

师: Yí!? Gēn yìbān de qíngxíng bùtóng?
어!? 일이 심상치 않은가?
Zhè shì zěnme huí shì ne?
이게 어떻게 된 거야?

华: Tā kǎ de hěn qíguài de!
걔가 아주 괴상하게 끼였어요!

wū- wū! 붕- 붕!

达: Ā! Tóu shēn bù chū lái!
아! 머리가 빠지질 않네!

▸ **卡在+동사** ~에 끼다 ▸ **马桶** 변기 ▸ **夸张** 오버하다, 과장하다 ▸ **一般** 일반이다, 보통이다
▸ **很+형용사+的**de 아주[매우] ~하다 ▸ **伸不出来** 빠지지 않다

145 另有目的 lìng yǒu mùdì 또 다른 목적

爸: Wèi! Kuài qǐlai la!
야! 빨리 일어나!

达: Zài děng yíxià ma!
좀 더 기다려요!

爸: Qíguài! Píngcháng jiào nǐ pàoshuǐ dōu bùkěn, jīntiān zěnme?
이상한데! 보통 때는 물에 들어가자고 하면 안 들어가더니, 오늘은 웬일로?

xū- xū! 쉬- 쉬!

爸: Yuánlái rúcǐ!
그림 그렇지!

▸另 별도로 ▸平常 평소에 ▸泡水 물에 담그다 ▸肯+동사 기꺼이 ~하려하다

146 爱笑的孩子 àixiào de háizi 잘 웃는 아이

Xīxī! 히히!

Hūhū! 호호!

妈: Bùxǔ dòng! Dádá!
움직이면 안돼! 다다야!

Hāhā! 호호!

Xīxī! 히히!

妈: Bú yào dòng!
움직이지 마!

Wā! Hāhā Hāhā! 와! 하하하하!

妈: Bùxǔ xiào!
웃지 말라고 했잖아!

Xīxīxī! 히히히!

理: Zhǐyào jiǎndāo yí pèngdào tā jiù xiào……
가위가 닿기만 하면 웃으니……

妈: Bǎ tā lǐchéng làitóu hǎo le!
걔 머리를 영구머리로 만들어 버리세요!

▸ **只要~就** ~하기만하면 ▸ **一~就** ~하자마자 ▸ **碰到** ① 손을 대다 ② 만나다 ▸ **理成** ~로 자르다
▸ **癞头** 영구머리

游泳池里 yóuyǒngchí li 수영장에서

达: Bàba! Wǒ yào niàoniào!
아빠! 쉬 마려워요!

爸: Hǎo! Hǎo!
오냐! 오냐!

女: Bàba! Wǒ yào niàoniào!
아빠! 쉬 마려워요!

男: Hǎo! Hǎo!
오냐! 오냐!

pūtōng! 풍덩!

爸: Yí!?
어!?

达: Wǒmen huíjiā ba!
우리 집에 가요!

爸: Hǎo! Hǎo!
그래! 그래!

▸ 游泳池 yóuyǒngchí 수영장

148 做面包 zuò miànbāo 빵 만들기

达: Wǒ yào zuò luóxuán miànbāo.
나는 나선 모양의 빵을 만들 거야.

平: Wǒ yào zuò xiǎoxióng de yàngzi.
나는 아기곰 모양을 만들 거야.

师: Wā! Gèzhǒng gèyàng de miànbāo a!
와! 여러 가지 모양의 빵이구나!

Gǎnkuài sòngjìn kǎoxiāng ba.
빨리 오븐에 넣자.

达: Luóxuán miànbāo bù zhīdao hǎo le méiyou?
나선형 빵이 다 됐는지 모르겠네?

平: Xiǎoxióng miànbāo yě bù zhīdao hǎo le méiyou?
아기곰 빵도 다 됐나?

师: Zěnme le? Dádá!
왜 그러니? 다다!

达: Hǎoxiàng dàbiàn……
꼭 똥 같아요……

▸ **做** ① ~을 만들다 ② ~을 하다 ③ ~이 되다 ▸ **螺旋** 나선, 나사 ▸ **各种各样** 여러 가지 ▸ **赶快** 재빨리, 어서
▸ **送进** (오븐에) 집어넣다 ▸ **烤箱** 오븐

149

帮忙 bāngmáng 일 돕기

达: Mā! Wǒ bāng nǐ dǎsǎo!
엄마! 내가 청소하는 거 도와줄게요!

妈: Wā! Hǎo nándé!
와! 참 별일이구나!

xiū xiū xiū 휙 휙 휙

shuā! pā! 싹! 탁!

妈: Nǐ zài gànmá?
너 뭐하는 거니?

妈: Nǐ zhè nǎ shì zài bāngmáng?
너 이게 어디 도와주고 있는 거니?

▸ **难得** 간만에[모처럼] ~하다 ▸ **哪+동사** 어찌~이냐?

150

打喷嚏 dǎ pēntì 재채기

达: Hājiū!
에취!

妈: Yí? Shìbushì gǎnmào le?
어? 감기 걸린 것 아닐까?
Yòu méi fāshāo?
열도 없는데?

妈: Wèishénme dǎ pēntì ne?
왜 재채기를 하는 거지?

- hū hū 쿨쿨
- yáo 흔들

- sāolái-sāoqù 쓱쓱

达: Hā, hā-jiū!
에, 에-취!

▸ **是不是+동사** (확인) ~인가? ▸ **发烧** 열나다 ▸ **摇** 흔들다 ▸ **搔来搔去** 이리저리 긁다

151 擦桌子 cā zhuōzi 테이블 닦기

hū-wū 부-웅

达: Wǒ bāng nǐ dǎsǎo!
내가 청소 도와드릴게요!

妈: Ò! Xièxie!
오! 고맙다!

妈: Dǎsǎo wán fángjiān hòu bǎ zhuōzi cāyicā.
방청소 다하고 탁자를 좀 닦아라.

达: Èn .
네.

cālái-cāqù 쓱싹쓱싹

达: Mā! Wǒ zhuōzi cā de hǎo liàng, kuài lái kàn!
엄마! 내가 탁자를 아주 광나게 닦았어요. 어서 와서 보세요!

▸ 亮 광나다, 번쩍번쩍 빛나다

152

爽 shuǎng 시원하다

pū! pū! pū! lǐ! 뿡! 뿡! 뿌직!

pēng! 쾅!

达: Hǎo shūfu!
참 편안하다!

爸: Yǒuméiyǒu chōng gānjìng a!
비데로 깨끗이 씻었니!

达: Hāhā, wǒ gēnběn búyòng chōngdiào yě búbì xǐshǒu!
하하, 전혀 비데를 쓸 필요도 없고, 손 씻을 필요도 없어요!

爸: Nà búshì hěn zāng ma?
그럼 너무 더럽지 않니?

达: Wǒ jiù shì fàng le jǐge xiǎngpì!
방귀만 몇 번 뀌었어요!

▸ **舒服** 편안하다 ▸ **有没有+동사** (확인) ~했느냐? ▸ **冲干净** (비데) 깨끗이 씻겨내다 ▸ **根本** 전혀
▸ **不用+동사** ~할 필요없다 ▸ **冲掉** 씻겨내다

153 父子共浴 fùzǐ gòng yù 부자가 함께 목욕하기

达: Bà! Wǒ qù dàbiàn jiù lái!
아빠! 가서 똥 누고 올게요!

爸: Méi guīju!
제멋대로군!

达: Huílai la!
돌아왔어요!

爸: Wèi! Bùkěyǐ zhíjiē xiàshuǐ!
얘! 바로 물에 들어오면 안돼!

爸: Yào xiān chōng shēnzi cái kěyǐ!
먼저 몸에 물을 끼얹어야 돼!

达: Yěshì a, shuōbudìng méi cāgānjìng.
하긴. 깨끗이 안 닦아졌을지도 몰라요.

爸: Shì a!
그래!

huālā! 쫘악!

huālā! 쫘악!

▸ 共 함께 = 一起 yìqǐ ▸ 规矩 규칙 ▸ 下水 물에 들어가다 ▸ 先~才 cái 먼저~하고서야
▸ 冲身子 몸에 물을 끼얹다

배꼽 잡는 유머 · 15 笑话真是逗人 xiàohuà zhēnshì dòu rén

世界上就有两个国家

小毛上幼儿园了，有一天，老师问："谁知道世界上有多少个国家啊?"
小毛说："我知道!"
老师说："那你说说都有哪些国家。
小毛说："有两个国家，就是中国和外国!"

shìjièshàng jiù yǒu liǎngge guójiā

Xiǎomáo shàng yòu`éryuán le, yǒu yìtiān, lǎoshī wèn: "Shéi zhīdao shìjièshàng yǒu duōshǎo ge guójiā a? "
Xiǎomáo shuō: "Wǒ zhīdao!"
Lǎoshī shuō: "Nà nǐ shuōshuo dōu yǒu nǎxiē guójiā.
Xiǎomáo shuō: "Yǒu liǎng ge guójiā, jiù shì zhōngguó hé wàiguó!"

세계에는 두 나라밖에 없어요.

소모는 유치원 갔는데, 어느 날, 선생님이 물었다.
소모는 말했다. "저 알아요."
선생님이 말했다. "그럼 어느 나라가 있는지 말해보렴."
소모가 말했다. "두 나라가 있어요. 중국과 외국이요."